鋼鐵德國

GERMANY

賴麗琇——著

序　言

自古以來人類逐水草而居，嚮往安居樂業的生活，在史書上已經留下不少的記載。歷史上屢見不鮮的各民族之遷徙活動，無非是尋找一個能夠「生存」並適合居住的地方。

西元四世紀末葉，羅馬大帝國西方諸行省被蠻族侵略與征服，在基督教文明史上開啟了所謂「黑暗時期」（Dark Age），人民為避災禍，異地而居；這個時期一直延續到西元第十一世紀，而無獨有偶，阿拉伯人在西元第七世紀的侵略與擴張，也使人民流離失所，一樣造成動盪不安。

現今二十一世紀了，同樣的事件，異地而演，不過這次的舞台不在歐洲，卻聚焦德國；由於伊斯蘭國（簡稱 ISIS）的崛起，造成遍地烽火，人民四處逃難，擁向歐洲富裕的德國，使德國成為一個提供難民躲避災禍的最佳避風港。

至於結合歐洲一些國家所組成「歐洲聯盟」（Europäische Union，簡稱 EU）的龍頭老大——德國，才在一九九〇年大肆慶祝分裂長達四十五年之後的再次統一（第一次的統一係於一八七一年由鐵血宰相俾斯麥領導），德國人都盼望從此之後平靜無波，過著和平安樂的日子，但卻在二〇一五年下半年時，出現了一個「難民問題」，從伊朗、黎巴嫩、伊拉克、敘利亞、約旦等地，陸陸續續地擁入了上百萬的難民。難民千里跋涉，逃向他們心中的人間樂土——德國，但此時卻產生了一種怪現象，即有些人根本不是難民，卻為了要在德國過好日子，拚命學習敘利亞語，裝扮成難民，進入德國，申請難民庇護。

正當世人對這些難民寄以同情，除了捐獻之外，有點愛莫能助時，難民還是猶如一波波的潮水從四面八方擁入德國。

由於文化背景的差異極大，一些不法之徒的難民在德國造成轟動的社會案件，即二〇一六年初在科隆（Köln）有一難民強姦德國女孩，讓德國人大為憤怒，因而有些人的同情心慢慢地消失了，梅克爾（A. Merkel）總理的「難民政策」備受質疑，這可由二〇一六年三月十三日德國巴登—烏騰貝（Baden-Württemberg）、萊茵蘭—普法茲

（Rheinland-Pfalz）和薩克森—安哈特（Sachsen-Anhalt）三大邦的議會選舉，CDU/CSU黨大大地失敗了，使得梅克爾總理的難民政策面臨嚴峻考驗，三邦政府全部下台，而反對梅克爾難民政策的一個新成立不久的政黨「德國另類選擇黨」（Alternative für Deutschland，簡稱AfD）並不意外地讓人有跌破眼鏡的感覺，成為最大贏家。各邦選舉結果不但對傳統上維持各黨（即幾個黨）地聯盟執政產生了莫大的壓力與困難度，在全國性效應上，也為梅克爾堅持現行的「難民政策」帶來更大的壓力。因此AfD黨在此次的地方選舉獲得壓倒性的勝利，被歐、美媒體一致評為「極右派展現實力」的地方選舉。這結果也反映了德國人對「難民問題」的轉變。那麼難民問題會否給德國帶來一個機會，抑或會增加德國的負擔，而拖跨了德國的經濟？是危機還是轉機？當需全體國民嚴正以待。

本書將隨著時序的推移探討「難民」形成的背景和原因、及其逃亡路線。他們為什麼會選擇在德國定居？當前德國政府如何安置難民？德國人贊成或反對接收難民？其難民政策能否徹底的實行？對於這些問題，筆者也同德國友人談論了對「難民潮」的看法。

拙著承蒙臺灣商務印書館編輯部的策劃與提供不少寶貴的意見，在此致上謝意。

本書係在教學之餘，倉促中撰寫完成。疏漏之處，在所難免，尚祈先進賢達，不吝指正。

賴麗琇　謹識

二〇一七年七月於台北

導讀

審視德國的歷史，從一八七一年俾斯麥（Otto von Bismarck, 1815–1898）建立大德意志帝國，歷經第一、第二次世界大戰，於一九四五年二戰戰敗後，被美、英、法、蘇四個戰勝國強迫分割成共產與民主兩個體制的國家；兩個兄弟苦等了四十五年之久，才盼到了一九九〇年十月三日的兩德統一。前西德較早從廢墟中再度復興，兩德統一後，它提供人力及財力，積極地重建、並整頓破敗的前東德。統一後的德國人過了二十五年尚可說平靜無波的日子；二〇一五年卻來了一個方興未艾的「難民問題」；基於人道立場，各黨的執政者，雖然由於理念及觀點互異，每每在國會意見相左，雙方為了「難民政策」激烈地辯論，然而皆理性地、兢兢業業地共同解決目前的問題。

回顧二戰後，希特勒（Adolf Hitler, 1889–1945）建立的「第三帝國」被分成四個區塊，一九四八年六月，西占區的美、英、法同意合併，並實施貨幣改革，引起蘇聯（東占區）不滿，蘇聯遂封鎖一牆之隔的東、西柏林邊界。西柏林形同一座被東德包圍的孤島，美、英以「空中橋梁」方式接濟西柏林二百五十萬市民日常生活用品。盟軍總共出動約二十萬架次的飛機，將全部計五十萬噸的民生日用品空運至西柏林。一九四九年五月四日，蘇聯見不能達到目的，才取消封鎖，結束了柏林危機。一九四九年五月二十三日，西占區首先成立「德意志聯邦共和國」（簡稱西德），同年十月七日，東占區跟進成立「德意志民主共和國」（簡稱東德）。

兩個同文同種的國家正式成立了，一邊是親西方的民主國家，另一邊則是受蘇聯控制的共產極權國家。一九五三年由於東柏林工人舉行示威、罷工、怠工，政府大肆逮捕異議分子，很多東德人逃亡西德，據估計這些如列寧所說的「用腳投票」的東德人，總計約不下三百萬人，於是東德政府在一九六一年八月十三日，一夕之間在東、西柏林交界處豎立起一道牢不可破的圍牆，造成很多為爭取自由的人命喪槍下。一九六三年，西柏林與東德簽約，准許住在西柏林的居民前往東柏林探視親戚。

兩德的破冰之旅始於一九七〇年三月，當時西德的布蘭德總理（Willy Brandt, 1913–1992）和東德的首腦史多夫（Willi Stoph, 1914–1999），在東德的艾福特（Erfurt）

見面及交換意見。一九七二年六月兩德簽訂「過境條約」，十二月簽訂「基礎條約」。一九七三年兩國分別以一三三號及一三四號被聯合國接受成為正式會員國。一九八三年西德給東德一筆十億多馬克的貸款，以挽救東德的經濟及改善人民的生活。

洪內克（Erich Honecker, 1912–1994）是第一位受邀訪問西德的國家主席，於二戰結束後四十二年，第一次返回他座落在前西德薩爾（Saarland）邦的故鄉，洪內克的返鄉之旅，電視全程轉播，在當時的德國造成轟動。

一九八九年是個關鍵年，首先在五月二日時，匈牙利拆除四周和奧地利為界的通電圍牆；夏天時，有一萬多名東德人越過邊界逃向西方。九月四日，萊比錫（Leipzig）市民舉行大示威，要求「人權」和「旅行」自由。九月十一日和九月三十日皆有逃亡潮，十月二日又有兩萬人示威，喊出了「我們是這個民族」的口號，有多人受傷及被安全局逮捕。接著十月七日東德慶祝建國四十週年，蘇聯的戈巴契夫（Michail Gorbatschows, 1931–）力勸洪內克改革，因為所有東歐的鄰國都已經實施改革了，並且放棄共產社會主義，實行制憲，立基於自由和人權，只有（前）東德好像沒有能力改革，這樣會造成嚴重後果；戈氏說了一句意味深長的話：「遲到的人，必須受生命（生活）[1]處罰」。接下來十月九日，萊比錫有七萬多人參加示威，這是自一九五三年六月十七日以來，東柏林規模最大的一次示威活動，但這一次軍、警都沒有干涉與取締。十月十七日，東德的「政治局」決定讓洪內克下台，十一月四日東德亞歷山大廣場聚集了十萬人，要求改革。在這之後，局勢戲劇性地轉變了。十一月九日，前東德順應民情，欲宣布可以有旅行自由的法規，但是仍需要經過官僚手續。後來由於前東德統一黨（簡稱SED）柏林政治辦公室委員的口誤，將開放旅行自由的期限提早了一天（正確日期應該是十一月十日），這一來變成東德通向西德和西柏林的邊界地區，在十一月九日晚上七點全數開放了。

當時一九八九年十一月十日，正在波蘭（Polen）訪問的西德總理柯爾（Helmut Kohl, 1930–2017）火速趕回德國，在柏林向東德人民許下可以同西德人民一樣，享受同等的權利與保障。柯爾又於十一月二十八日發表統一的十點計畫，大受東德人民的歡迎。此時（十二月一日）在東德則暗潮洶湧，每一個地區的人民議院皆一致決定刪除東德憲法裡規定的「社會主義統一黨為國家的領導政黨」這項條文。政府代表和民眾人權運動代表，第一次舉行「圓桌論壇」，嘗試找出能給國家和社會和平轉變的方式。比如部長委員會決議將「托管局」立即發展成為一個私人機構，它應該將前東德的計畫經濟轉變成市場經濟政策。第一次人民議院的選舉結果，由主張迅速統一的東部基民黨（CDU黨）主導的「聯盟黨」大獲全勝，這項結果可看出東德人民積極並願意趕快和西德完成統一。

曾經分裂、成為敵對的東、西德，歷經辛難的旅程方能完整地統一，至今已經七十多年了。這段坎苛的歷史過程，在被分裂成兩個國家的德國人，其心理上的創傷、隔閡和分歧難以言喻。一度從敵對、互看不順眼，而且雙方無數次激烈的爭執，雖然隨著時間的流逝，但事過並不境遷。二〇一五年由於難民大量湧入歐洲，「歐盟」成員的國家有些願意接納難民，有些國家則拒絕接受（因為「歐盟憲章」並未明文規定非得要接收難民不可）。但基於人道立場，對難民特別友善的德國因此成為難民最想住下來的國家，德國所收容的難民人數也比其他國家加總的人數還來得多。

雖然德國基於「人道」立場收容難民，但也並非來者不拒，因為有些人根本不是難民，只是為了能在德國過上好日子，甚至勤學敘利亞語或模仿其腔調，為了只想進入德國而已。

因為德國憲法——「基本法」（Grundgesetz）裡明載：受政治迫害的人在德國享有「庇護權」，所以大批的難民擁入德國；其中當然也有不是難民者，而是恐怖分子假借「難民」之名搭順風車，要在德國專搞破壞，製造社會上的不安。而德國為了安頓真正的難民，在難民資格審查通過後，先給予三年的「難名簽證」。為了讓他們能夠融入德國的社會，首先將各處閒置的空屋（比如營區工廠或體育館等建築物），加以整頓用以安置難民，並提供食、宿、衛浴一併齊全的設備。

德國政府還為了難民小孩設置托兒所、幼稚園。並為適齡孩童、青少年及成年人開設「德文課程」，甚至開設「職業講習會」，協助成年難民習得一技之長，再安排就業，使其可自食其力。在同時，與政府「難民政策」背道而馳的是，順勢成立的一個極右政黨「另類選擇黨（Alternative für Deutschland），簡稱 AfD」，這是主張一切以「德國人優先」、積極排斥難民的極端右翼主義者。這個在二〇一五年方成立不久的政黨慢慢地也獲得選民的青睞，並且又斬獲幾個席次，進軍國會。

目前方興未艾的「難民問題」，由於梅克爾（Angela Merkel, 1954–）總理的「難民政策」，遭到為數不少的德國人反彈；因此二〇一七年九月二十四日的德國聯邦議會大選投票結果，雖然梅克爾第四度勝選，穩坐總理寶座，但選舉的成績並不理想，她領導的基督教民主聯盟（簡稱 CDU）和基督教社會聯盟（簡稱 CSU）的得票率約僅百分之三十三，可說是歷年來最差的成績。尤其才成立不久，一個極端「反難民」的「德國另類選擇黨」（Alternative für Deutschland，簡稱 AfD）[2]以百分之十二・六得票率，成為戰後第一個躋身國會的極右派政黨。因此，在接下來幾週籌組聯合政府的談判，她將面臨艱困的挑戰。

梅克爾此次的選舉雖是四連霸，足可以與提攜她進入政治界的啟蒙恩師、人稱「統一總理」的前總理柯爾執政時間的歷史齊名，但她的敞開大門、廣收難民的政策卻不得人心，黨內對她的批評、清算是不會手軟，也不會停止的。基民盟的接班人之爭，勢必比以往會更白熱化。

而反對黨在難民議題上，幾乎是激烈地批評梅克爾二〇一五年開放德國邊界並且大量接受難民是錯誤的政策，雖然梅克爾事後已採取各項措施管控難民數量。但根據二〇一七年九月的德國第一電視台（ARD）所做的民調顯示，百分之五十五的受訪者認為梅克爾的整體表現、說服力，贏過 SPD 黨魁舒爾茲（Schulz）的百分之三十五；百分之四十九的受訪者認為梅克爾比只獲百分之二十九的民眾支持的舒爾茲更值得信賴。

---

1. 按德文（das Le ben）有「生命」及「生活」兩個用詞。
2. Alternative 源自法語，意思有(1)二者擇一、（兩個可能性中的）抉擇；(2)其他可能性、其他途徑。這個黨的本質是極右派民族主義政黨。

不過，異軍突起，首次就在國會選舉上大受選民認同的「另類選擇黨」，因完全基於德國的利益，其聲勢凌駕其他的老牌政黨，顯示德國人心思變。

那麼，目前身為「歐盟」龍頭老大的德國，在前東德出生的女總理，德國人暱稱為「老媽」的梅克爾謹慎、理智地掌舵之下，相信這波「難民潮」又會是德國人另一次往正面方向發展的契機。

目錄

壹──德國統一後的現況

由敘利亞內戰所引爆的難民潮，如洪水猛獸般地向歐洲擴散，首當其衝的歐盟，其成員國希臘和義大利是難民最早登陸的兩個國家，卻在邊界拉起鐵絲網的封鎖線，不願接受歐盟和德國提議的分配機制，按比例分攤難民；後來甚至開放封鎖線，讓難民直接長驅北上，而難民最想要的落腳地卻是德國。因為德國對難民的善意，在歐洲一些國家的一片防堵聲中，早已傳遍難民群；因此，難民如潮水般地，不辭辛苦，用盡辦法，即使千里跋涉也在所不惜，紛紛奔向其心中的理想國。

德國──這個在歷史上曾大起大落的國家，遠的不提，近的兩次世界大戰所背負的戰爭禍首之罪名，是眾所皆知的；然而這個國家卻能夠兩次都如古埃及神話中的不死鳥，於短期間內在灰燼中再生，令人刮目相看。目前的德國在世界政治舞台上扮演重要的角色，除領導歐盟外，更與美國、蘇俄和中國鼎足而立，互相抗衡。這個因其地理位置和目前的政治運作皆被冠上「歐洲之心臟」的國家，到底是怎麼樣的一個國家？值得我們探討，本章節分別從五個層面來探討其政體架構。

在基本法下的國家體制

一、基本法制定之始末

二戰後的德國被強制分為實行「共產制度」的東德和「民主制度」的西德兩個國家。根據「波茨坦宣言」的兩個原則規定：一、是未來的德國政治必須合乎地方分權的原則。二、是未來的德國重建必須合乎民主政治的原則。美、英、法三國共管的西德，於一九四八年六月獲得三列強的同意，將管區先行合併，並於一九四九年五月二十三日成立一個國名為「德意志聯邦共和國」（die Bundesrepublik Deutschland），計十個邦，定都波昂（Bonn），簡稱西德。而坐落在東邊的由蘇聯管制的占領區，隨之於一九四九年十月七日也在蘇聯的授意之下，成立「德意志民主共和國」（die Deutsche Demokratische Republik），[1]首都為柏林，簡稱東德。而在一九四九年二月十一日，西德所制定的憲法草案完成，五月八日正式定名為「德意志聯邦共和國基本法」，簡稱「西德憲法」或「西德基本法」。這一部憲法在一九九〇年十月三日東、西兩德完成和平統一後，成為德國的正式憲法。[2]

二、基本權利

「基本法」（Grundgesetz）明確記載由人民掌握國家，一切皆以人民之意願為依歸，舉凡：信仰、集會、秘密通信、遷徙、擇居、宗教、財產、男女平等、發表意見及拒絕服兵役等之自由都掌握在人民手中，國家不得干涉。第一章第三條亦明載著：人類尊嚴、行動自由及在法律之前人人平等之權利皆獲得保障。

---

1. 按大柏林坐落在前東德的土地上，二戰後由美、英、法、蘇共同占領，東柏林成為前東德的首都，而西柏林由美、英、法三國共同管理，則成為前西德的一個特別行政區。一九九〇年十月三日，東、西德完成統一，「基本法」成為德國的正式憲法。
2. 按「基本法」的德文字是（Grundgesetz），是由「基本、基礎」（Grund）和「法律、法條」（Gesetz）兩字所組成。而德文字的「憲法」是 Verfassung。

三、國家體制之五個準則

1. **民主國之原則**：人民即是國家之主宰。人民以普通、直接、平等、秘密之方式選出國會議員，再透過國會議員選出他們認為理想的總理人選。

2. **法治國之原則**：法治制度的原則在防止如第三帝國的個人獨裁濫權。[3]「基本法」規定國家權力的功能根據各執行部門的原則分為立法機構、行政機構、司法機構三個獨立而相互牽制的機構。

3. **社會國之原則**：國家制定社會福利保障制度，國家有義務保護社會弱者，致力於社會之公平、穩定，比如工作、教育、居住、建築、休養、社會救濟工作等之社會基本權。

4. **聯邦國之原則**：促進聯邦與各邦、邦與邦、邦與市、鎮之間的地方性特質的合作及發展。

5. **共和國之原則**：「德意志聯邦共和國」的國名即依據憲法的賦予，所表現之共和國體制。

四、基本法之修改

一九四九年「基本法」實施以來，歷經十次的修改，其中大的修改有四次。

1. 一九五四—一九五六年的「軍備補充條例」（Wehrergänzungen），其作用乃是要調整憲法中對於軍隊的種種規定，即規定實行普遍義務兵役制，並頒布兵役法，建立聯邦國防軍，使西德軍隊加入西方同盟體系時，能互相調和。
2. 一九六八年的「非常時期法」（Notstandsverfassung），在緊急之非常時期，對國內、外執行權範圍的制定（包括嚴重的自然災害），將擴大聯邦總理和聯邦政府的權限，簡化立法程序，限

德意志聯邦共和國基本法。

3. 指希特勒一意孤行的濫權。

制公民的一部分自由。

3. 一九九〇年時，在德國統一後，「基本法」更臻至於完善，根據「前東德加入聯邦共和國統一條約」，基本法的前言及結尾條款再重新修改，使之適應新形式的需要，使「基本法」適用於全德意志民族。

4. 一九九四年再做一次較大的修改，主要內容即是把環境保護、真正實行男、女平等和保護殘疾人士，第一次當作國家宗旨載入「基本法」。

尚有一些權益或體制等等，即使在眾議員以三分之二表決通過及參議員以三分之二審核同意通過下，也不得修改：如聯邦國家體制、三權分立、民主、法制、社會國之原則，保持人類尊嚴及平等、自由權。

符合民主的政黨與選舉制度

「黨的任務」根據「基本法」的原則，明載其任務在於闡揚民眾政治意志的合作。根據「基本法」政黨的建立必須以民主的方式成立，並且政黨必須聲明它們擁護民主。

西德長期一直是三黨體系，即基督教民主聯盟（die Christlich-Demokratische Union）／基督教社會聯盟（die Christlich-Soziale Union）[4]、德國社會民主黨（die Sozialdemokratische Partei Deutschlands）。自從環保意識抬頭以來，一九八〇年代打著「環保」招牌的綠黨（die Grünen）成立，吸引不少人加入，此後，在西邊的德國，長期以來一直是三黨體系。CDU/CSU 黨和 SPD 黨基本上正面的認可「社會國家」。CDU/CSU 的黨員大多為獨立業、中小型企業和企業家，SPD 的黨員工人占多數，與工會密切合作。

第三大黨是自由民主黨（die Freie Demokratische Partei），簡稱自民黨（FDP），它的主張是贊成經濟自由發展，國家在市場上盡可能不要干涉，因此特別受到高收入者和高教育水準人士的支持。綠黨主張的市場經濟是在國家的監控及自然和環境保護之下進行，其支持者大多數也為高收入和高教育水準的選民。另外還有一個德國統一後才建立的左派黨（Die Linke），在五個新加入的邦（即統一前位於前東德的邦）有很多支持者。它在一些邦議會也有很多黨員進入議會問政。

---

4. CDU/CSU 為姊妹黨，是德國第一大黨，SPD 是第二大黨。

德國的每一個年滿十八歲的公民，或至少在選舉前一個月，在德國獲得永久居留權，並年滿十八歲者都有選舉權。選舉方式採普通、直接、自由、當場、無記名投票。選民在投票時，有二張選票，即在選票上左面印黑字的，即「第一選票」，直接列舉選民所在選區欲競選之候選人名單；右面印藍字的即「第二選票」，列舉選民要支持的參選人角逐之政黨，必須同時圈選方為有效。

聯邦體系的組織

一、聯邦總統

總統是德意志聯邦共和國的最高元首。他不是民選的，卻是由專為選舉總統才召開的「聯邦大會」（Bundesversammlung）所選出來的。聯邦大會的會員是由眾議院的全體議員及等額之各邦議會代表組成的。總統任期五年，可連任一次。四十歲以上之選民始具總統候選人資格（基本法五十四條）。聯邦德國不設副總統，如果聯邦德國的總統因病或出國訪問，暫時離職時，其職務則由聯邦參議院的議長代為行使。

德意志聯邦總統可對外代表國家與他國訂約。依「基本法」規定，他可任命並提名總理，並有任免聯邦法官、聯邦官員、上下級軍官及駐外使節之權力。可以接受外國使節到任呈遞國書，頒發聯邦勛章和獎章，並可在總理的建議下，行使國家特赦權。聯邦總統所擬定的法律必須經過聯邦各部長的副署及憲法的審核，方能正式生效，並向內閣公布實行。在兩種情況下，總統有權力解散眾議院：第一、總理難產、國家形成無政府之危機時，總統可以自行解散眾議院，第二、眾議院不通過政府所提之信任法案或通過對政府之不信任法案，而又未能以過半數的票選出新總理時，總理在三星期內提請總統解散眾議院（基本法第六十七、六十八條）。在一九七二年布蘭德（Willy Brandt）執政時期（一九六九－一九七四）與一九八三年施密特（Helmut Schmidt, 1974–1982）執政時，就曾運用此條例而提前舉行了一次新選舉。目前現任的聯邦總統是於二〇一七年三月十九日就任的史坦麥爾（Frank W. Steinmeier）。

二、聯邦議院

德國最高權力機構是議會，它由聯邦眾議院（Bundestag，一稱下院）和聯邦參議院（Bundesrat，一稱上院）組成。

1. 聯邦眾議院

德國的眾議院是聯邦德國民選的代表機構，眾議員由人民每四年選舉一次。眾議院最主要的任務有三項：一、制定法律，二、選舉聯邦總統及聯邦憲法法院的法官，三、監督政府。眾議院並有批准或否決政府同外國簽訂的國際條約。在眾議院大會上，議員可以對國家內政、外交或政府提出的某項提案或法律充分地發言或自由辯論；辯論最激烈的往往是國家的財經預算，或是二十七年前兩德在進行統一工作時，有關奧德河以東、奈塞河以西現存的德國－波蘭邊界十萬多平方公里的土地歸屬問題、統一後的首都要續留在波昂或遷往柏林、「德國統一稅」的持續交納、薪資稅率的調整、是否出兵波斯灣戰爭、乃至目前的「難民政策」等等這些事關國家及民生大計的案件，聯邦公民都可以列席旁聽，電視台往往實況轉播。

眾議院可向參議院或是聯邦政府提出法律草案，一項法律草案提出後，必須在眾議院中三讀通過後，才能由主管之委員會列入正規的程序中。在三讀通過時，眾議員必須作最後之表決，凡是不涉及修改憲法的草案，只要有過半數的票通過便可成立。法案的表決在多數情形下，仍需要經參議院的同意。

2. 聯邦參議院

聯邦參議院（Bundesrat）是十六個邦代表參與邦之立法及協助管理邦之事務的一個組織。議員的產生非由選舉而來，而是從各邦的政府官員中任命委派所組成。各邦的代表名額即投票權額，每邦至少有三位名額，邦的人口在二百萬以上可有四位名額，人口六百萬以上則可有五位代表名額。凡是涉及邦的法案，眾議院提出後，必須經參議院同意方能生效；到目前為止，德國有一半的法案（特別是有關於邦的統治權及財產之法案）是經參議院通過才生效的。

因各邦各有不同的立場，所以常常會有多數官員被調整變更的情形發生。參議員既是各邦的重要官員，又是各黨派的代表，因此透過他們，黨和各邦的立場才能一致。

三、聯邦政府

聯邦政府即「內閣」，它是由聯邦總理和由總理選出的各部會部長一起組成的。總理是由眾議院在總統的提名下選出，總統提名的總理候選人必定是在眾議院中有過半數以上之影響力，而且是一人提名，一人當選。自二〇〇五年迄今皆由梅克爾女士（Angela Merkel）擔任聯邦女總理。

基本法明令設立的各部會有：聯邦內政部、外交部、司法部、財政部和國防部。後面三個部門的職權（責）範圍是基於憲法而賦予的。聯邦總理確定聯邦政策的方針，各部會首長依此方針獨立行使職務並全權負責。

四、聯邦憲法法院

聯邦憲法法院於一九五一年九月設於卡爾斯魯爾（Karlsruhe），它是德國最高的法律機構。法官皆是具有司法訓練及經驗之人士，或是具備豐富的政治、經濟、行政知識之經驗人士。他們的任務是監督「基本法」的實施情形。當聯邦與各邦、或邦與邦之間發生紛爭時，並不是由總統、總理或國家的黨派來調解，而是由聯邦憲法法院來裁決。

各邦的國會和政府、聯邦眾議院、聯邦參議院、聯邦憲法法院和聯邦政府各個都是獨立的機構，之所以採取分權的含義是基於限制政府的權力和防止它們濫權。在德意志聯邦共和國成立時，二百多年前法國的思想家孟德斯鳩（Montesquieu, 1689－1755）

德國總理梅克爾。

就曾在他的書《法意》（*Esprit des Lois*）說過：「只有政府限制權力，才有政治自由。」德意志聯邦共和國接受了分權的準則，它以此成功地樹立了西方民主的傳統。

總觀由以上五個機構之職權劃分、功能而言，得知德國是一個相當重視人民基本權利的國家，對於其所奉為至典之「基本法」，也即是德國的憲法，更是推展得很透徹，是一個分工縝密完善的民主國家；而且在社會福利設施方面辦理得亦很完善，政府間的權力制衡方面也劃分得很清楚，因而在經濟、工業、國防等方面，才能於第二次大戰後從廢墟中重建而富強起來，是值得他國所效法的一個民主聯邦國家。

要走「自己的路」的外交政策

一九九〇年兩個德意志民族國家以自決、和平的方式，使原本分裂的兩個德國國家完成再次統一。其整個過程是和平的，並且獲得它們東、西方的朋友和伙伴們的贊助。有關「德國統一」的最後一項和約「2＋4條約」[5]於一九九〇年九月十二日在

5. 2係指二戰後的前東德和前西德，4係指二戰後占領前西德的美國、英國、法國和占領前東德的前蘇聯。

莫斯科（Moskau）簽訂後，宣告德國戰後分裂的局勢正式劃下了休止符。這項條約確認了德國是一個完整、且獨立的統一國家，然而德國並不急躁、含糊地，而是一一按部就班處理東、西兩德合併的法律程序後，於一九九〇年十月三日正式宣告「德國統一」。實現統一的十點計畫（見賴麗琇著：《這就是德國─柏林圍牆倒塌後的富強之路》，頁一六四）之提出，為統一訂定了明確的方針。戰後四十五年終於克服了德國、也克服了歐洲的分裂。對於統一的德國來說，自從那時候起責任就越來越大了。德國的政治一向是和平政策，它的目的是要求與其他民主國家在經濟和政治方面能有交集，強化國際和超國際的組織及機構之間的聯繫與合作據點之落實。

德國外交政策基本上仍與自由的民主國家、歐盟的參與國和北大西洋公約（NATO）的盟國緊密地聯繫。由此產生五個外交目標：1. 繼續保持歐洲的團結，2. 北大西洋公約的持續進展，3. 鞏固和保護中歐及東歐的改革步驟，4. 在聯合國有完全負責的影響力及5. 和發展中國家保持伙伴關係。

德國要貢獻其心力致力於世界的和平進步，目前德國基於其統一及威望做表明它的責任及任務，身為當今世界工商業實力雄厚的國家之一，與全球的國家緊密地連接，而且它以自己的力量建構了一個穩固及正常運作的世界經濟制度。它的政治之目的是要在介於工業國家和發展中國家之間，基於一個利益均衡的伙伴關係產生對話的基礎，為了達到這個目的它特別密切地關注在聯合國的動靜，一如能在其底下世界組織的範圍內順利執行其任務。

德意志聯邦共和國目前在世界上幾乎和所有的國家都維持外交關係。它有超過二百三十個外國代辦處。此外在運作事情時，介於和超越組織方面的機構還有十一個代表處。目前德國參與及運作的組織有：

（一）大西洋公約組織和結盟伙伴　北大西洋公約組織（簡稱NATO）過去曾經是、並且現在仍然一直是對在歐洲和北美洲的會員國的安全而言，保有其不可或缺的基礎。德意志聯邦共和國於一九五五年成為NATO的會員國。所有NATO成員國的防衛備戰和能力備受肯定，早已眾所周知，並且保證自由民族的存在。NATO數十年來同時遵行一九六七年哈默爾報告（Hamel-Bericht）所通過的安全防衛和準備對話的雙重提綱，這與當時的「華沙公約」（Warschauer Paktes）國家處於對立狀態，特別是經由在歐洲和在德國的聯盟之決定所導致的轉變，不可同日而語。

這期間在歐洲的政治轉變導向是要排除東方和西方的對立。安全狀況雖然仍有一定的風險，但實質上已經是有些改善了。直到目前在歐洲的北大西洋公約組織還是繼續在安全和穩定性方面深具意義。

來自安全政策的轉變導向，使得聯盟和一九九一年在羅馬（Rom，德文書寫）簽訂的新策略草案非得堅持不可；此外，顯著的軍事比例降低了，並且軍隊潛力和軍隊結構的改革也明顯地下降了。

一九九四年一月在北大西洋公約組織的高峰會議裡，聯盟強化其供應支援，從各自具體的情況保證真正的和平之下，和其他在聯合國安全理事會權威之下的工作程序，德國參與在亞得里亞海（Adria）的禁運（封港），並實施波斯尼亞（Bosnien）的飛航禁令。自從一九九五年十二月在北大西洋公約的領域裡，其所領導的多國和平部隊移置總計六萬名士兵給波斯尼亞－黑塞哥維那（Bosnien-Herzegowina），德國聯邦軍隊總共有四千名士兵加入此部隊。

德國特別和美國合作，並在北大西洋公約裡居於領導地位。基於德、美的積極運作，一九九一年底成立了「北大西洋公約合作議會」（簡稱 NAKR），此時所有前華沙公約組織裡的國家和跟隨蘇聯的國家紛紛加入。這個公約定期開會並向西方結盟的國家證明它在歐洲是一個廣泛的安全伙伴。一九九四年，NAKR 又以「致力和平的伙伴團」（簡稱 PfP）加以補充其目標。它加深介於北大西洋公約和在此期間已有二十七個伙伴國家之間的政治和軍事合作，此外，德國尚參與多個國際和平宣達團。

德國的外交和安全政策的中心本質保留在裁減軍備、控管軍備和不再擴張軍備。它們的任務是限制軍勢的潛能和在軍事力量的範圍裡，確立一種有約束力的規則。德國在軍備控制方面聚焦在比如已協商通過的「歐洲有關協議的軍事武裝力量條約」裡，一九九二年已剔除五萬件重武器，接著還有裁減人員。根據一九九二年的「空中開放條約」，為簽約的國家開放「飛機監視」，基於安全的政治和軍事觀點，以民主的方式檢查軍隊，並在自己的領域內和國與國之間的領域裡實施檢查事宜，還有在一九九三年時，簽訂了一項遍及全球的禁止使用化學武器的條約，這件事情能順利完成，德國發揮極大的影響力，一九九四年八月德國是第一批簽約國家當中的一個。

另一方面德國基於鞏固、繼續合作和互信基礎上所建立的安全制度，比如在前南斯拉夫的領域裡，實施區域性的軍備檢查規則。針對一項政治性的軍備檢查事項，最新的方式即採取「消滅武器裝備合作事項」（銷毀氣體和化學武器），德國也積極投入此項工作。

一項軍備競賽的挑戰即是防止毀滅性武器的擴散。在一九九五年五月德國也積極參與運作的「無限期禁用原子能合約」，即是一項歷史性的妥協，這是為了在國際上防止將來核擴散的災害，一九九六年在日內瓦（Genf）的裁減軍備會議，禁止核試驗的談判是一項重要的里程碑。

（二）與西方國家的關係　德國和歐洲與民主的北美洲關係密切。透明的伙伴關係建立在共同的利益和價值上。介於歐洲、美國和加拿大之間有無數的歷史性成長、人性、文化和政治上的聯繫。美國和加拿大的角色及責任會在歐洲，並也留在歐洲，而將來亦維持這塊大陸的和平與安全，對德國的存在深具意義。「北大西洋公約組織」聯繫歐洲和北美洲，兩者關係匪淺，是一個不能被棄置不顧的安全聯盟。

半世紀以來的高峰會議和雙方無數次的商議，給聯邦首相艾德諾（Konrad Adenauer）和戴高樂總統（de Gaulle）一九六三年所共同創立的「德—法特別關係」（Elysée-Vertrag）保持新的動力。還有兩國致力推動的「歐洲統合」（按「歐盟」在二〇一三年共有二十八個成員國）。尚有德、法兩國在無數領域密切的合作。介於兩國人民之間的友誼是一項堅固的保證（超過一千四百座城市的結盟），兩千所學校結成了姊妹校，還有無數區域性的合作，又有兩國緊密的商業網，因而德、法相互結為重要的經濟伙伴。

與其他的西方國家也維持固定、密切的關係，與英國每半年開一次高峯會議。德國也以類似的方式和其他許多西方國家，經由密切的合約、大使館和相互訪問保持聯繫。因為德國和以色列也有一定的緊密關係，兩國在大部分領域都非常密切；可以說自從一九六五年建交以來，在各方面都發展成為一種良好的友誼關係。

（三）對東邊鄰居的承諾　與東方的鄰居合作對德國也非常重要，經由訂立多款條約以鞏固密切的關係。這期間由與波蘭、捷克共和國（die Tschechische Republik）、斯洛伐克共和國（die Slowakische Republik）、匈牙利、保加利亞、羅馬尼亞及和前蘇聯之國家所簽訂的條約可資證明，德國與前蘇聯的國家之關係對全歐洲深具意義。為統一的歐洲落實物質的先決條件、實現民主和法治國的基本價值，這幾點對德意志聯邦共和國特別重要。

歐洲的目標是實現自由和市場經濟之準則，它需要與在東歐、中歐和南歐，還有在前蘇聯地區的新國家等整個西方的團結與幫助。德國在這一些國家從一開始就持續地要求著落實改革的步驟，當時特別是對在前蘇聯地區的新國家已經給予八百七十億馬克的援助，自從一九八九年（根據一九九三年八月的統計）以來，已給了中歐和東歐三百七十億馬克的援助款。德國以此方式提供給所有工業國家百分之五十的建設基金。這項援助不只是幫助那地方的人民，也使全歐洲都得到金援。德國斷然地承諾在一個大歐洲裡的多元化。在東歐自決的意願越能堅固的話，就越能看到整個歐洲的結構和團結。

（四）德國和發展中國家的關係　建立與發展中國家的關係是德國外交政策重要的組成部分。去除介於工業國家和發展中國家之間的貧富差距，以及保護自然的生存條件，將成為其未來幾年的中心主題。和發展中國家的伙伴關係之合作，特別是針對以它自己的力量達到有能力的發展，為共同的目標效勞，排除全球性的挑戰，克服比如貧窮、非常迅速的人口成長和環境破壞，並且保障人類的存活。聯邦政府的發展政策在此聚焦於克服貧窮、保護環境和資源，還有注重教育和培訓。

德意志聯邦共和國早在統一前，與在南邊有五分之四的人口生活的地方，經由四十年的合作結果贏得了有個小心謹慎、值得信賴和樂於助人的伙伴美名。

發展中國家期待統一的德國在世界政治負起更大的責任。同時它們當然也害怕，德國因為基於統一的過程和幫助中歐和東歐已改革的國家，而可能會忽略它們。德國政府因此在一九九〇年統一時，再度強調它對發展中國家的義務，仍會與它們保持密切與友善的關係，並繼續維持深厚的友誼。而對於工業國家則是表明在世界經濟的條件框架之下，也需要給發展中國家一個公平的機會，這特別是指開放市場一事。現在歐盟與發展中國家的關係也納入德國的外交和安全政策裡，並且扮演一種重要的角色。在這種意識下，聯邦德國援助發展中國家的經費，在過去三年裡，雖然自己負擔很重，但並沒有減少對這些國家的經援。

德國致力於幫助發展中國家，提供經濟援助，並且對於民主化的國家也不遺餘力的贊助，在歐盟的架構下，繼續竭力於歐洲的市場對非洲、亞洲和拉丁美洲的開放，因為對發展中國家來說，自由貿易比金援對發展中國家而言更重要。

德國也關心國際大事，盡力於降低危機並且克服危機。比如過去幾年提供的人道救援，幫助在伊拉克的庫德族（die Kurden）、索馬利亞（Somalia）和在前南斯拉夫（Jugoslawien）內戰的犧牲者及盧安達（Ruanda）的難民。另外不計其數的人道救援，如出動聯邦軍隊的救援工作、糧食救助、德國私人援助救護機構參與歐盟、聯合國和其他國際的組織等。由於來自本身歷史的經驗，德國以特別的方式對自由的法治國家和人權負起責任。由此，德國的政治廣泛的向人權和人性尊嚴的原則看齊。

（五）聯合國的會員國　德國外交政策的一項重要目的是在聯合國的會議裡扮演一個重要的角色，只有這樣它才能夠對全球發生的事件，比如阻止爭端、人口增長和於環境保護方面給予一個適合的解決辦法。德國落實其言行一致，比如在聯合國安全理事會的改革框架下，身為安全理事會固定的成員，它也準備扛下重大的政治責任。

自一九四五年以來，德國的外交穩定地朝多面向發展。在早期的五〇年代，德國已經加入聯合國多個附隨組織；一九七三年加入幾十年以來一向是德意志聯邦共和國以和平、安全和人性政策為指標的組織。一九八〇年德國致力提倡廢除死刑，一九八六年決議並制定阻止難民潮的條文，並針對國際安全與強化人權，於一九九三年在聯合國成立一個人權委員會，同時在裁減軍備和裝備檢查方面，德國盡力提供意見。德國的積極投入參與聯合國事務，獲得一致好評，使它三次擔任安全委員會的會員（一九七七／七八；一九八七／八八；一九九五／九六）。德國一再強調它的決心，即當一個聯合國安全委員會的一個固定成員，它有更多的責任，特別是身為聯合國的一個會員，它有義務維持聯合國的和平任務。它在過去的幾年，參與多次的聯合國維安任務，比如寮國（Laos）、索馬利亞（Somalia）、前南斯拉夫（Jugoslawien）都是明證。

（六）當前的文化政策　當前的文化政策是德國的外交政策之一。它有下列的任務：

1. 向外國介紹德國包羅萬象、反映多面性、自我批評的形象，介紹包涵德國民族精神價值的文化成就。
2. 在世界上促進和推廣德語的知識。

3. 在伙伴性的基礎上合作並與外國從事文化交流。
4. 外交文化政策要排除偏見，加強尊重其他的民族，以此幫助他們，並在政治和經濟方面合作。在外交上的文化政策方面，外交部要和邦政府、教堂、工會、政黨的基金會和許多其他的組織合作。

一九九六年初，外交部成立了一個「外交文化諮詢委員會」，裡面網羅了十四位在文化、經濟和政治方面的知名人物。除此之外，還設立一個「外交文化政治基金會」。德國和九十個國家簽訂了包括文化合作的「文化條約」。和很多其他重要的國家也有一種密切的文化交流。外交文化政策實際的運作由中型組織負責，它們在聯邦政府的外交政策的事先規定下需要自我負責。在這些領域的重要機構有：

1. 歌德學院（das Goethe-Institut）：它在全球七十八個國家足足有一百五十個文化機構，在國內有十八個分支機構。[6] 它的主要任務是在國外維護德語並要求國際的文化合作。

---

6. 指在德國。

2. 德國高等學府交換機構（der Deutsche Akademische Austauschdienst, DAAD）：它提供科學人員和大學生進修。
3. 亞歷山大・馮・洪堡德基金會（die Alexander von Humboldt-Stiftung）：它資助外國高品質的學術人員在德國作研究工作。
4. 國際組織（Inter Nationes）：這個組織資助外國的政府人員，並經由致贈影片、錄影帶、書籍和印刷品提供有關德國的資訊。
5. 國外關係處（das Institut für Auslandsbeziehungen）：它負責籌組德國在外國的商展和在德國的商展事宜。
6. 德國—美國傅布萊特委員會（die deutsche-amerikanische Fulbright-Kommission）[7]：它推動德國和美國之間特別具有高素質的科學家、大學生和教師之間的交流。

自由市場經濟的整頓和政策

德國擁有訓練有素又高技術的勞工、龐大的資本、上軌道的管理制度及高度研發的創新能力，為歐洲第一大經濟體、世界第三大出口國、世界排名第四大經濟體，以購買力平價計算則為世界第五大經濟體。二〇〇二年時，歐盟推行歐洲共同貨幣「歐元」（Euro）作為歐盟成員國（目前有二十八個歐盟成員國，總人口約近四億）的共同貨幣；德國的貨幣政策由總部設於歐洲大陸金融中心法蘭克福（Frankfurt）[8]的歐洲中央銀行制定。德國是近代汽車的發源國，擁有全球最具競爭力和創新力的汽車產業之一，汽車產量位居全球第四。德製汽車享譽全球，賓士（Benz，商標為）[9]、保時捷（Porsche，商標為）[10]、福斯（Volkswagen，商標為）[11]等為人們耳熟能詳的品牌。德國出口量最大的十種貨品為汽車、機械、化學品、電子產品、機電設備、醫藥品、

---

7. 傅布萊特（James William Fulbright（1905-1995），美國政治家（屬民主黨）、企業家和律師；一九四三年以議會議員的身分提出「傅布萊特決議」，這是一個有關設立聯合國（UN）的架構；一九四五—一九七四年擔任參議員，從一九五九年起擔任外交政治委員會的主席；批評越南戰爭，主張和蘇聯及中國保持一種平衡關係。
8. 歐盟的銀行也設在法蘭克福。
9. Benz：台灣譯成「賓士」或「奔馳」汽車，係由德國工程師和汽車先驅賓士（Karl Benz, 1844-1929）製造。
10. Porsche：台灣譯成「保時捷」汽車，係由德國工程師波歐（Ferdinand Porsche, 1875-1951）製造。
11. Volkswagen：德文原名為「國民車」，係在二戰期間由希特勒下令，依照他的指示條件製造的，當初希特勒命名為「國民車」，即意指讓每一位德國人都能有人手一台之意。

運輸設備、基礎金屬、食品、橡膠及塑膠。

回顧戰爭（指第二次世界大戰）的破壞，特別是以前的德意志帝國（指希特勒的第三帝國）被一分為四，德國的經濟徹底地被改變了。中歐的經濟區被分解了；西里西亞（Schlesien）工業區被割讓給波蘭（Polen）；薩克森（Sachsen）工業區坐落在前東德，而魯爾區（Ruhrgebiet）當時是前西德的一部分。

一九四五年後的幾年裡有一千四百萬的難民遷徙進入前西德。在德國的這部分土地上二戰前有三千九百萬人口，戰後則有六千萬人口。在這塊人口密度甚高的土地上除了煤礦外，沒有其他的礦產。大部分的原料，比如金屬和石油必需進口。高價值工業產品的生產和出口為當時的舊聯邦共和國（西德）的經濟政策主軸。

「在地圖上看一眼即知道德國的處境。西德有超過五千萬的人住在介於萊茵河（Rhein）和易北河（Elbe）之間，這條狹長地帶不只是世界的工廠，它有生存能力，且可大量輸出機器和消費品。」說這句話的人就是德意志聯邦共和國第一任經濟部長艾哈德教授（Prof. Ludwig Erhard, 1897–1977）。艾哈德即是在一九四八年六月十八日實施「幣制改革」獲得空前成功，並使西德的經濟制度上軌道的功臣。

人們稱這個制度為「社會市場制度」。國家放棄繼續控制人民的經濟生活，並開放市場上的供應和詢價。它最急迫的任務即是保護民眾的社會利益。

當一九四八年幣制改革後，幾乎是一瞬間的事，經濟就又再上軌道了。有一個法國記者回顧那段時期，他寫道：「從這一天開始到另外一天，機器又開始工作了⋯前一天晚上，臉上流露出灰心、失望的表情，隔了一天，一整個民族眼光流露出快樂的希望注視著未來。」

實施自由市場經濟計畫，特別經由馬歇爾計畫（Marshallplan）[12]是德國戰後能夠迅速蓬勃發展的主要因素，當時震驚整個世界，被視為德國的「經濟奇蹟」（Wirtschaftswunder）。但艾哈德本人卻對此美譽淡然以對，他謙虛地說他並沒有刻意地去操作有關一切的經濟事宜，而這也不是一個奇蹟，只是全體人民的堅持、真誠、努力，同意根據自由的原則、人性的積極主動、人性的自由和人性的能量去完成的一件事情。德國的經濟制度自從第二次世界大戰以來，朝向一個社會的市場經濟規則地發展。這種經濟系統，也即意味著拋棄以前每一個人跟每一個人競爭的自由貿易主義，

12. 馬歇爾（George Catlett Marshall Jr., 1880-1959），美國將軍與政治家，一九五三年與德國的史懷哲（A. Schweitzer, 1875-1965）共獲諾貝爾和平獎。

比如放棄國家的企業和投資決定。「基本法」保障私人積極性的自由和私人財產，承受這個社會聯繫的基本權利。在「沒事時，國家盡量少干涉，有需要時，國家盡量幫忙」的理念之下，國家在社會市場經濟上的第一線任務就是付與「整頓」的職責。它制定框架內的條件，在這些條件下進行市場的發展過程；在這種結構之下，上百萬的預算和企業，可自由、獨立地決定他們所要生產和消費的東西。要生產哪一些產品和多少貨物及誰從那裡得到多少，這些都由市場決定。國家直接放棄干涉價格和操控工資。自一九五〇年到一九七八年出口從六十七億竄升到二千八百五十億馬克；一九九〇年它甚至達到六千八百億馬克。今天德國是世界重要的出口國家，排在美國和日本之後。機械、汽車、電子技術產品和化學工業是最重要的出口貨品。

工業化的高水準也指出德國的經濟和社會的困境。提昇的生產力和缺乏勞力迫使德國引進更多的「客籍工人」（Gastarbeiter）；越來越富裕的德國吸引一股來自東歐的移民潮和成為來自世界上各地發生戰爭的地區的人尋求庇護的場所。

一九七四年在石油危機後，產生了世界性的經濟衰退，德國的工業也遭受波及。人民失業和政府的負債急劇增加。一九八二年年底幾乎有兩百五十萬人沒有工作。經濟政策的分歧導致同年施密特（Helmut Schmidt, 1918–2015）政府的垮台。

有人對於「市場經濟」的政策真的能解決迫切的問題提出質疑。在一九六八年左右各地的「大學生造反」運動時，年輕的馬克思主義者大肆激烈地批判資本主義的經濟制度。雖然其時是由於學生們導致的危機，今天卻證實了自由市場當時已有成功改革的意向。它一步一步地克服經濟的阻礙和界限，漸漸地在歐洲成立了一個規模宏大、自由、且共同一致的市場。

一九五一年時，法國、德國和其他的西歐國家在「煤鋼聯盟條約」（Montan-Union）共同表達其意圖：

「……在（法、德）百年之久的敵對之後，經由成立一個經濟聯盟就是為了繼續加深民族之間一種長久及深遠的合作。」

一九五七年成立的「歐洲經濟聯盟」（Europäische Wirtschaftsgemeinschaft），簡稱 EWG，即「歐盟」繼續地使這條路堅決地走下去。一九七三年，有六個提倡成立的國家：法國、德國、義大利、比利時、荷蘭和盧森堡，加上後來加入的三個國家：英國、愛爾蘭和丹麥，之後在一九八一年有希臘、一九八六年有西班牙和葡萄牙的加入，「歐洲聯盟」那時候有十二個國家，共有三千二百萬人口。

接著於一九九二年十二月三十一日在這條路上的經濟方面又往前繼續邁進了一步，而它也許是歐洲政治統一的先兆：廢除邊界管制，以此方式EG參與國之間的最後阻礙已經解除，即人員、貨物、商業活動在加盟國之間均可自由往來。歐盟組織的副總裁邦格曼（Martin Bangemann）將這一天的意義總結如下：「一九九二年十二月三十一日不只是一個普通的日子，更甚者是因為這一天它開啟了歐洲將來的經濟、文化和政治合作的大門。」

在就業市場方面則可自由發揮，在稅率自主的框架下，工人和雇主——也常被稱為「社會伙伴」——可以共同協商「稅率條約」。兩造雙方規定工資的高低、工作時間、渡假期限和一般的工作條件。社會伙伴的組織、工會和雇主這三方面因此在經濟生活上都深具意義。他們的主要任務是決定他們的會員之利益，但也同時對一項高度的整體經濟負責任。他們之間的坦誠會深深地影響經濟制度的正常工作。

德國的社會伙伴始終記得這種責任。經濟系統的鞏固變成它們收入的一個不可缺少的部分。此於二次大戰後成立的那些工會的組織特別經受到此種考驗。根據工業原則，德國的工業總是代表所有經濟領域的工人（也即不只是一個職業階級的成員），而他們在政黨政治和宗教信仰方面都是中立的。

德國在經濟體系的社會組成部分也條理分明。直到目前在德國的社會和平安全方面比其他的國家更受到矚目。一個重要的理由是德國居民有緊密的社會安全網。特別是對工人的社會保障顯著地受到矚目。當一個工人年老了或生病了、遭到意外受傷了，或是由於該企業倒閉了或是決定要從事一種更有前景的企業，社會制度的完善都可以在財政方面予以支持。由此就涉及一個團結一致的組織。有職業的人要支付各種不同名目的保險。社會制度由有職業的人來支撐。這包括孩童、住屋補助金、協助有困境者和為戰爭而犧牲者的補償。為了達成這種社會安全的目的其支出高達德國境內總產值的三分之一。

就整體經濟的發展也可能出現不樂見的發展。國家必須嘗試透過它的預算、稅制、社會和競爭等政策去抵制這種發展。在一九六七年的「穩定條款」裡，國家為了阻擋面對經濟發展錯誤的趨勢，宣布決定一項政策，它的目的是鞏固穩定的物價、高就業狀況和非經濟在漸進及合理的經濟成長。這些都是很遺憾的、不能常常達到的目標。在這種意識裡，對經濟發展的金錢責任政治，德國銀行和勞資雙方同樣負有責任。

在經濟和財政政策的擬定和配合方面，需要完成此特定任務的委員會有：

△**經濟發展趨勢委員會**：它由聯邦的經濟和財政部長組成，每一個邦政府派出一

名委員，並代表鄉、鎮、區及其協會。聯邦銀行可以參與至少每年舉行兩次的協商，經濟發展趨勢委員會致力於讓所有參與者在經濟發展趨勢政策採取一致的措施。

△**財政計畫委員會**：它的任務是協調聯邦、各邦和各地方自治區的意見。聯邦和各邦都有義務，即是訂立一個多年財政計畫，這是為使得國家的收入及支出和國民經濟的可行性及需要能夠一致吻合。

△**評鑑整體經濟發展的專業委員會**：它於一九六三年時設立。這幾個各自獨立的專業委員會在每年的秋天發出一份有關整體經濟狀況和它們可預見的發展之報告。經由此方式應可使所有對經濟政策負責的有關當局，還有在社會各方面的機構可以鬆一口氣。

每一年的一月，聯邦政府要將年度經濟報告上呈聯邦眾議院和聯邦參議院。它包括一份闡述去年聯邦政府致力的經濟和財政目標、一份解釋所計畫的經濟和財政政策報告，並且對專業委員會的年度建議提出看法。

經濟政策的一項中心任務是減少失業。它的解決辦法是多投資一些。為了保障一種投資的盈利，聯邦政府致力於市場自己本身的力量，特別是加強刺激私人的效率。

國家在經濟方面的影響力被限制了、不利市場的調整被撤銷了，這有可能形成一種自由的競爭，並讓人民及企業更容易適應新的發展。

聯邦政府贊成自由的世界貿易，並且反對任何形式的保護主義。因為德國內部生產的東西有三分之一出口，所以它依賴開放的市場。擴大歐洲的內陸市場，對德國的經濟有如生命攸關的重要，並且除了要保有歐洲聯盟的舊市場之外，還要再納進新的市場。對內的市場經濟符合對外的持續進入開放市場和自由世界的貿易路線。

朝向現代化社會結構與整合

德國社會是一個近代化和開放的社會，它屬於世界上高水準生活的國家之一。根據聯合國的調查，德國在生活展望、識字程度和人均收入方面均屬於高度發展中國家之一。健康保險制度的完善使人能獲得實際的照顧。社會保險制度有健康保險、照顧及事故保險。失業保險保護人民在現存困境的生活。

德國自從一九九〇年統一以來，人口大增，有超過八千二百萬人住在德國的土地上，接近五分之一的人住在前東德的土地上。目前有三個趨勢形成德國的隱憂：1.是出生率降低，2. 為估計的平均壽命，即指望可存活的年數增加及 3. 是社會的老化。

近三十多年來德國的出生率可說降到谷底：出生人口從一九七五年以來，呈現微幅的震盪，據統計大約每個婦女約生一・三個小孩。亦即小孩這一代從三十年以來大約比父母的那一代少了約三分之一；雖然來自其他的國家向前西德的高度移民率阻止了人口的萎縮，但是同時根據概率統計得到的估計壽命卻呈現持續上升的趨勢。那時男人已可活到七十七歲，女人則是八十二歲。[13]

社會老化是德國第三個隱憂。因為估計壽命的延長和更低的出生率，使年輕人占總人口的部分降低了，同時老年人的人口增加了。九〇年代開始，每個超過六十歲的老人得分攤將近三個就業人士的工作。二十一世紀開始，這個關係的比例是一比二・二，而且在下一個十年之內會變成一比二。所以社會老化是對社會政策和家庭政策都是一項最大的挑戰。

一、家庭

「家庭」一直在人類社會群體中占第一和特別重要的地位，並且也是重要的社會制度之一。它被視為人類生活中心的意義，而且在時間的流逝中仍然一直屹立不搖。

在德國幾乎有百分之九十的民眾，在他們個人心中優先地位的排序，總是將「家庭」擺在第一位。可見「家庭」這個詞彙在年輕人中也受到高度的重視：十二歲至二十五歲中有百分之七十二的人認為，針對幸福的存在覺得必須要有一個家庭。

然而對於一個「家庭」形象看起來像是什麼樣子？還有近來家庭結構在社會的變遷之下也在強烈地改變，這些問題都值得探討。在傳統的市民家庭裡，一對結婚且有許多孩子的夫妻以嚴格的角色分攤他們的任務：父親是個有職業的贍養者，母親則是家庭主婦。這種「撫養的模式」還一直存在——比如在低下的社會階層和來自別的地方的移居者，或者孩子們還很小時——但這種模式目前也不再是居於主導地位的生活形式了。

共同生活的形式明顯地多樣化了。可在不同的家庭形式之間選擇自由的空間，或者是完全放棄一個家庭，這種形式變多了。這個和已經改變的婦女角色並不是微不足道的：今天的德國家庭有百分之六十四的母親有職業。家庭型態也變成小家庭了，現在只擁有一個小孩的家庭，已經比擁有三個和更多個小孩的家庭來得多。以往最典型

---

13. 二十世紀初，根據概率統計得出的估計壽命才四十六歲。

的家庭是擁有二個孩子，而如今一種沒有小孩的家庭，以成雙或單獨地生活的方式越來越多。從統計數據來看，一九六五年出生的婦女，直到今天為止，幾乎每三個就有一個沒有小孩。

不只是生活形式，對道德方面的基本態度也改變了。伴侶之間的忠誠度雖然一直是一個重要的價值，然而是否要一直持續下去接受共同生活，變得鬆弛多了。相對的，要求一個伴侶的品質提高了，這也是在此期間形成一對夫妻要離婚的原因之一。大約有百分之四十的離婚率，而再婚或者是新的伴侶關係已是常態。另外，還有非婚姻關係的共同生活也顯著地增加了。

特別對年輕人或者是剛離婚的人，非常不喜歡「結婚證書」，所以非婚生的子女增加了；在德國西部大約有四分之一、在東部則有一半之多的小孩是非婚生子女。這種轉變的一個後果是，繼子女家庭和單親教養家庭增加了；有五分之一帶有小孩的家庭生活都是單親教養，而這些在通常情況下都是母親單獨教養的。在家庭內部的關係於過去的幾十年也持續地發生變化，那就是父母親和孩子們之間的關係仍可以說是維持得不錯，但大部分不再以順從、隸屬和依賴的方式，取而代之的是，以交談與平等或以保護、資助和教育的方式來訓練孩子獨立。

另外一種以世俗的眼光來看的是較為異類的「同婚」問題，德國在二〇一七年終於合法化了。德國國會於二〇一七年六月三十日，以三百九十三票贊同、兩百二十六票反對、四票棄權的壓倒性結果，通過同性婚姻合法法案，賦予同性伴侶所有的家庭權利，包括收養子女權；雖然梅克爾總理投下反對票，她說，因為她認為婚姻是一男一女的結合，不過這是她個人的想法，她希望藉由投票的結果解決這長年爭議的話題，促成社會更大的和諧。

許多人對於梅克爾長期以來，反對同志婚姻與收養權的立場鬆動大感震驚，認為她正在尋求第四任期，而執政聯盟的社會民主黨（SPD）、綠黨（die Grünen）、極左派的「左派黨」（Linke）、與重商的自由民主黨（FDP）曾宣布，「同性婚姻法」是在即將於二〇一七年九月二十四日舉行的大選中，與基民黨（即梅克爾所屬政黨）合作的先決條件。

梅克爾這種見風轉舵、石破天驚地公開承認同性婚合法化，讓許多保守派人士急得跳腳；而她轉向支持「同婚」，則讓右翼民粹政黨「另類選擇黨」（AfD）成為異類，變成在德國唯一反對同性婚姻的政黨。

二、女人和男人

在德國的「基本法」（Grundgesetz）所要求的婦女平等——一如在其他近代化的社會也一樣的——有顯著地向前邁進一步。所以在教育這個領域裡，女孩子不僅趕上了男孩子，甚至超越了男孩子。據統計在文科中學有百分之五十六的女畢業生；年輕的女孩子開始就讀大學的已接近百分之五十四。在職業培訓方面，成功地通過考試的有百分之四十三是年輕的女子。如今有更多的女性進入職業生活，在德西有百分之六十七的女性是有職業的，在德東則有百分之七十三。當男性通常從事全職的工作時，婦女們，特別是那些有小孩子的，同時則做兼職的工作。

在工資和薪水方面像往常一樣在性別之間存在著差異：女性工作人員只能拿到她們男性同事的百分之四十七，女性職員也只拿到男性職員的百分之七十一。本質上是與女性常常在低等且酬勞較差的職務工作方面有關，即使她們在此期間已邁向頂尖的職業了，但她們在升遷發跡方面，還是一直都遇到明顯的阻礙。這裡有個例子：雖然大學裡有接近一半的女學生，但是只有三分之一的女性是從事科學方面的工作，女教授僅僅只占百分之十五。

職業升遷方面的阻礙，在於為小孩子而設立的托幼照顧方面，與歐洲其他國家的比較不怎麼理想，並且在女人與男人的家事分工方面也甚少改變。傳統的婦女核心工作──洗滌、打掃和煮飯──有百分之七十五到九十的家庭都由女性來完成。而雖然有百分之八十的父親表示，他們願意花更多的時間陪他們的小孩，但是即使是有工作的婦女，也像她們的先生們一樣甚至投下雙倍的時間在照顧小孩上。直到目前為止，也幾乎都是只有女性去參與學校的家長時間（座談會）。然而以二〇〇七年一月第一梯次撥給的九個月「雙親津貼補助」（Elterngeld）為例，即使給予補貼在職場方面暫時可以休息一下的父親們，以便他們照顧小孩，父親們分到的補助較之前幾乎提高了三倍之多，然而一半的男士留在家裡照顧的時間僅僅只有兩個月而已。

在政治方面，婦女們皆堅持著其政治立場，在SPD和CDU的兩個傳統大黨裡，幾乎是每四個中就有一個黨員是女性。值得注意的是婦女在聯邦眾議院的參與運作，一九八〇年在議會只有百分之八的女性議員，到了二〇〇五年，女性議員已幾乎占了三十二個百分點。同年，梅克爾（Angela Merkel, 1954-）成為德國第一位女總理。

三、青少年

在年輕人的核心相關群體裡，除了與他們同齡的人之外，就是家庭了。從來還沒有像今天如此多的年輕人——有百分之七十三的十八歲至二十一歲的年輕人——與他們雙親同住在家裡。幾乎所有十二至二十九歲的年輕人承認，與他們的父母之間有著良好且充滿信任的關係。

一個長久和父母同待在家的原因是，有越來越多的年輕人涉足在教育體系裡。他們的資質水準提高了。在同一個學年度（十八到二十歲）總共有百分之四十三點四的人申請就讀大學。然而不能適應教育制度卻有問題的那一群人，即是特別來自社會弱勢基層和移居家庭。

與早期的年輕一代相比，現代的年輕人比較實際，不只與父母的那一代有良好相處的關係，也更傾向民主。今天這一代的年輕人對成功有個目標，並且已準備好，他們都認為生命的極限可導致「上升代替下降」的形式。

在傳統的左、右派形式裡，像往常一樣，年輕人在全部的人口裡被歸類為左派，但是較少有出現極端的政治傾向，相對地卻是非常熱切地盡到服從社會的義務。所有的年輕人，有超過四分之三的人會為社會和經濟的利益而努力；為了有需要幫助的老人、環境保護和動物保護、為窮人、從別處來的移居者，都不吝伸出援手，反而是對政治、黨派或是工會團體的興趣退化了許多。[14] 根據調查只有百分之三十的十二歲到二十五歲的人表示對政治感興趣，年輕的成年人和大學生則介於四十四到六十四個百分比之間，明顯地對政治感到興趣。

四、老年人

在德國大約每四個人就有一個超過六十歲的人。因為長久以來的低出生率和逐年上升的指望可活的年數升高了，使德國排在日本和義大利之後，成為世界上老人人數排名第三高的國家。年長者不只是年齡較大，比起他們的前幾代他們還很健康、有活力，並且還是很活躍的。經濟方面他們都有保障，他們領有養老年金，可過舒適的生活。在德國全部的購買力幾乎有三分之一是超過六十歲的人貢獻的。五〇年代出生的老人其生活顯著地改善了，積極地參與休閒活動對他們而言越來越重要。經過一項學術研究調查，老人們認為和社會仍然保持聯繫對他們而言是不可或缺的。除了從電視接受新聞資訊、聽古典音樂和閱讀報紙之外，他們最喜歡的休閒活動就是運動。

14. 筆者在德國留學的一九六九年至一九七五年左右，是德國大學生高度對政治感興趣並參與活動的年代。

一九五七年的年金改革，使領養老金者逐漸可以過著舒適的生活；今天他們甚至可以在孩子們要成家立業時，給予財政方面的支援，目前已經聽不到「貧窮老人」這個名詞了。

三代家庭的成員雖然很少住在同一屋簷下，但是成年的孩子和他們的父母，還有祖父母和他們的孫子們之間還是有很密切的聯繫。聯邦政府的一項典範計畫就是要繼續強化這種代與代之間的關係。所以早已經在這幾年內，在每一個德國的邦和每一座城市裡都蓋有所謂的多代同堂之屋，在這裡也設立了家庭諮詢部、健康部、危機處理部和求救部，以應不時之需。

五、遷移和整合

德國經濟自戰後五十年來的繁榮，很多應歸功於工作移民，即是那時候所謂的「客籍工人」（Gastarbeiter）；他們在合約期滿時，有些人返回自己的家鄉，但是也有很多人為了生活和工作就留在德國了，還有很多之後才移居到德國的移民。就這樣德國漸漸地從一個客籍工人國發展成為一個從外地移入的移民國。

人數第二大由外國遷來的移民群是德國籍的被迫遷居者，他們從好幾代以來就住在前蘇聯、羅馬尼亞（Rumänien）和波蘭（Polen），並且在共產制度崩潰後又大批地回到德國。這些從外地遷來的大移民群人數，在八○年代甚至比老牌的移民國──美國（die USA）、加拿大（Kanada）或澳大利亞（Australien）的人數還要多。有超過七百多萬的外國人在德國生活，這數目字幾乎占德國全部總人口的百分之九，再加上大約有當時在此（指德國）出生的外國人和四百五十萬的移居人口。在德國總共有超過一千五百萬的人有移民的背景，根據聯邦統計局的定義，這些移民者還包括了在此誕生的外國人，以及有來自外國父母親的小孩。

在這些外國人之中，以有一百七十多萬的土耳其人最多，居第二位的是有五十三萬的義大利人。在過去二十年裡對移居者之整合已有進步情況，申請德國籍的法規放寬了，移居者和德國人的關係越來越緊密，多樣性的外來文化也被接受了，還有在新的移民法中第一次制定了「法律條文」，可以說都考慮到所有領域的移民法。當然整合是一項政治和社會的挑戰，德國政府整合在德國的移居者時，把重點放在他們的工作，將這方面擺在最前面的要點，是在就業市場方面的整合、語言要求和教育。早在二○○六年七月時，聯邦政府的女總理梅克爾就邀請全部需要整合的社會團體與會，這項「民族整合計畫」的結果終於在二○○七年年中完成。它包括了具體要實現的目標，共有超過四百項國家的、以及非國家的具體活動：計畫中一個是來自移居家庭的小孩和青少年的「教育監護網站」設立起來了，希望能幫助他們在學校受教育；有許多企業團體允諾並保證給年輕的男、女移居者，有更好的受教育機會。這項計畫的付之實行應該經常性地受到檢驗。

六、社會保險

「大家都能夠富裕並享有社會平等權」，這句話是當時的聯邦經濟部長艾哈德（Ludwig Erhard）在五〇年代晚期，在他擔任部長，創立「社會的經濟市場」時所說的話。「德國模式」成功地發展起來了，並成為非常多國家的榜樣。這個成功的標竿之一是他實施全面的社會制度。德國尚有一項廣泛的來自疾病、養老金、意外事故、照顧和失業保險等保障現存危機的財政支出，除此之外還包括了稅收財政的社會網絡，比如家庭補貼（孩童補貼金、優惠稅）或者給領養老金者，和持續沒有能力工作者的基本保障。德國自詡為社會國家，它瞭解社會保障對所有的公民是一項優先要處理的任務。

德國的社會福利制度具有悠久的歷史傳統，可溯自一八八一年十一月十七日頒發給帝國會議，由俾斯麥（Otto von Bismarck, 1815-1898）所擬定的〈皇帝文告〉。在他的領導之下，文告宣布了國家打算採取的保護措施和社會救濟措施的社會保險。政府將施行工人疾病保險、工作意外險、殘廢保險和老年保險。在那時候只有十分之一的民眾受惠於這種社會制度，而今日在德國幾乎有近百分之九十的人受到它的保護。

德國在這幾十年間建立了社會網，同時又使它更完善；分別在一九二七年設立了一個針對因失業而導致財政問題的保險，和一九九五年的照顧保險。在二十一世紀的今日，更要求這個制度具有基本和結構的新方向，還要將眼光放在它能夠具有持續性的財力。人口方面，持續增加的老人們和相比之下的低出生率，以及就業市場的發展，使得社會保障制度導致不可負荷的極限。另外，政治方面，嘗試以全面的改革面對挑戰，而為了下一代，也保障社會網能夠更加鞏固。

七、健保制度的改革

德國在世界上於醫療照顧方面屬於最好的國家之一。對所有的民眾提供醫院、醫師診斷和醫療設施，照顧全民的健康。有超過四百萬個工作場所，同時使得國家的疾病防治設施成為德國最大的行業。在德國總共有百分之十點七的生產總額挹注於健康事業——這是比石油輸出組織國家的平均值，還要高出一點七個百分比。

儘管如此，健保制度還需要繼續改革。二〇〇七年，因此通過一項健保改革，其中心點是執行一項「健康基金」；從二〇〇九年開始，簡化投保人的法定健保，每一個投保者從「健康基金會」領到一筆同樣的款額。同時在稅務方面提高了健保稅，比如有小孩的可以連帶保險，聯邦每年提高健保的補助，一直累積到了十四億歐元。從二〇〇九年開始實施一項全民都要盡責任的保險義務：承擔私人保險的義務，承擔基本稅率的保險。

八、老人年金的改革

在老人照顧方面也有幾項基本改革。法律上的養老保險依舊是老年人收入最重要的支柱。除此之外，屬於企業和私人的照顧也越來越重要。有部分的改革也將法定領取養老金的年齡，從六十五歲提高到六十七歲，並於二〇一二到二〇三五年之間，更將領取老人年金的年齡以漸進式地每年提高一個月；同時將提倡一項名為「增加積極主動」之計畫，改善較年長的男、女求職者的工作機會。

多軌制教育與多元化學術研究

洪堡德兄弟——兄威廉（Wilhelm Frhr. von Humboldt, 1767-1835）[15]、弟亞歷山大（Alexander Frhr. von Humboldt, 1769-1859）[16]、愛因斯坦（Albert Einstein, 1879-1955）[17]、龍特根（Wilhelm Conrad Röntgen, 1845-1923，另作倫琴）[18]、和普朗克（Max Planck, 1858-1947）[19]等人的名字為學子奠下了德國是個適合進入大學繼續深造的國家之美名，它同時也是工程師和發明家的國家。在中古世紀時，就已經有來自全歐洲的學者到那時候在海德堡（Heidelberg）、科倫（Köln）或葛萊夫斯瓦德（Greifswald）

15. 洪堡德（兄）是名哲學家、語言學家和政治家，於一八〇九—一〇年擔任普魯士的文化和教育部長，著手改革普魯士的教育制度。
16. 洪堡德（弟）是著名的自然研究學家。
17. 愛因斯坦：德國物理學家，於一九〇五年提出「相對論」（Relativitätstheorie），並於一九二一年獲得諾貝爾物理學獎。
18. 龍特根：於一八九五年發現肉眼看不見，但穿透力很強的新射線，即是後人所稱的X射線（X光）。為一九〇一年第一個諾貝爾獎得獎人。
19. 普朗克：量子理論的奠基者，於一九一八年獲諾貝爾物理學獎。

剛成立的大學去朝聖。後來經由洪堡德（兄）的大學改革，德國的高等學府甚至成為高要求的學術界最理想的典型。洪堡德（兄）將大學設計為獨立的追求知識之場所，在這裡研究和教學已經合而為一。

德國遲至一八七一年才成為一個完整的統一國家，被視為是一個遲到的民族國家。迄今立國才一百四十六年之久，雖然它的立國史不能與現在的文明古國相較，然而在近代史它可是舉足輕重，不可小覷。大家耳熟能詳的是，它是兩次世界大戰的肇始國，但從二次大戰戰敗後，直到現今為止，它卻成為「難民」最想移居的國家。在歷史的軌跡裡，它曾經大起大落，然而目前在世界政治裡，它的角色卻舉足輕重，現在領導「歐洲聯盟」（Europäische Union，簡稱歐盟），與美國、蘇聯和中國相抗衡。

那麼這個德國到底是怎麼樣的一個國家？對它的介紹，坊間的專書早已汗牛充棟。它從第二次世界大戰戰敗後，國土被一分為二，變成兩個南轅北轍，實行不同體制的兩極國家，又再經過長達四十五年的敵對與封鎖，竟然於一九九〇年十月三日一夕之間，不費吹灰之力，在世人的訝異與讚嘆聲中再度以和平的方式統一了。而兩個實行不同體制的國家，如何融合為一體，此乃歷經漫長的磨合時期，自一九九〇年迄今，花費了二十七年的時間，從互貶對方的「東德佬」（Ossi）及「西德佬」（Wessi），到現在這兩個名詞已被掃進歷史墳墓，想必東、西邊的德國人每思及此事，必定會啞然失笑吧！

德國雖然能夠成為一個富強的國家，然在歷史長河裡也曾經起起伏伏，但長於思考的德國人，服膺他們啟蒙主義時期的哲學家康德（Immanuel Kant, 1724-1804）所講的一句話：「拿起勇氣來，運用你的理性與智慧去解決事情。」這句話德國人在學校學習時，就已深植人心了；而教育是立國的根本大業，教育的重要性德國人早就了然於心中。普魯士邦國的毛奇將軍（Moltke, Helmuth Graf von, 1800-1891）[20]就曾說過：「普魯士的勝利早就在小學教師的講台上實現了。」從這句話可看出德國對教育的注重。德國的教育不是單面相、一條龍方式的教育，它是多軌制的。

一、學校

1. 幼稚園

20. 毛奇係丹麥貴族後裔，是十九世紀後期最偉大的兵法家之一，曾助俾斯麥（Otto von Bismarck, 1815-1898）於一八七一年完成德國統一運動。

在德國的幼稚園入學年齡為三至六歲。幾乎每一邦都設有幼稚園。教育方向為語言、合群性和遊戲。大部分的人在上午把小孩送到學校，下午接回家。但也有上全天制的，這種情形則幾乎是父母都有職業的。

幼稚園並不屬於國家法定的學制組織。它是由社區、教會、社團或私人創辦的。幼稚園屬於學前教育，至於就讀與否，則是自願而非強迫的，費用由家長自己負擔。目前在德國的幼稚園不多，另外對有職業的家長到幼稚園接送小孩的時間也構成問題。

2. 基礎小學教育

六足歲至十歲的幼童必須接受四年制的基礎（即初級）小學教育。根據德國的傳統，每個學生在開學第一天都可以從家長那裡獲得一個裝滿甜食、糖果、餅乾、巧克力及一些內有鉛筆、橡皮擦或尺等之鉛筆盒的彩色大錐形紙袋。等四年基礎小學教育結束後，他們就要進入決定其將來發展方向的中學階段了。這時學生們會很慎重地與家長及老師們就他的興趣、志向以及他將來想從事的職業類別一一討論，再謹慎地決定進入哪一類型的中學。

3. 中學教育

在進入中學教育之前，大部分的學生都須先上兩年的定向學校（即五年級和六年級），以便在這兩年內有充分的時間好好地考慮，自己以後要選擇哪一類型的中學。德國的中學共有四類，即五年制普通中學、六年制實科中學、六年制綜合中學和九年制完全中學（亦稱文科中學）。

德國學校的學制分為三級：第一級是初級教育，即全國一致性的四年制小學。第二級是中級教育，即五年至九年的中學。第三級是高級教育，即四至六年的大學。而中級教育又分為兩個階段，第一階段為初中（Sekundarstufe I），學制為五或六年；第二階段為高中（Sekundarstufe II），學制為三年；高中畢業時，學生總共已學習了十三年，年齡已達十九歲。

(1)普通中學（Hauptschule）

大部分的學生在基礎小學教育結束後，經過兩年的定向教育之後，進入普通中學。在這中學階段學習了五或六年之後，學生大多都進入職業教育體系（即同時至少到十八歲時，要上一所職業學校）。從職業學校畢業後，大多數學生進入一所雙軌制的職業學校，並且為他們在手工業和工業的職業訓練開闢出一條路。職業教育提供它的學生們一個基礎的、普遍的教育。職業教育的學習項目增加，所以每一所職業學校的課程也增加了，這些課程包括德文、數學、自然科學、社會科學、一門外語（大部分是英語）和一門為了他們在職業受訓期間能夠減輕其壓力的工作學。

(2) 實科中學（Realschule）

它是介於普通中學和文科中學之間，在此提供它們學生一種更進一步的一般性教育。它依規定要上六年的學校，是從第五級到第十級的學制，之後會得到一張中等結業證書，憑此證書可以繼續再接受升學的訓練課程，比如進入特殊的職業專門學校或是進入高等專科學校；它是為了在經濟領域或者是在公家部門任職而設的一個中間軌道。

(3) 文科中學（Gymnasium）

按規定是九年制的文科中學（從第五到第十三年級，在統一後加入的五個新邦之中，只有布蘭登堡邦是個例外，目前它只到第十二級），給予學生一種程度更深的普通教育。以前所規劃的在古語言、新語言和數學——自然文科中學這三種學制，在今天幾乎已經不存在了。高級的文科包括了十一到十三級（在四個邦規定十至十二級，也即十一到十二級）；在此一種課程制度代替了班級委員會。有一些個別課程的義務也即課程群組仍然保留，高年級的學生在個人的重點教育仍有各種基於更進一步的課程可供選擇；這些學科都分門別類地被歸納，有：1. 語言的─文學的─藝術的，2. 社會學的和 3. 數學的─自然科學的─技術的領域。每個學生都必須學習這三個領域的課程，一直到舉行高中畢業會考。義務課程除了這三個領域外，還有宗教課程和體育。文科中學的高級課程結束後，需要參加四個科目的畢業會考，畢業會考通過後，才取得讀了十三年的名為「一般高等學校成熟證書」（Zeugnis der allgemeinen Hochschulreife）21 的畢業證書。

要進入高等學府就讀基本上需要一張高等學校證書，也即是專科高等學校證書，由於要進入高等學校的申請人數太多，而大學裡並沒有足夠的容量來接受這些欲進入大學就讀的高中生，所以在德國的各邦就有限制人數入學的規定。這就構成依（高中）畢業成績來選擇。如要進入醫科就讀的，還要再加上筆試和遴選會談。

21. 德國中學生要進入大學就讀，不是像台灣舉行聯招考試，一試訂終身。他們是憑在中學的畢業會考通過的成績，向德國各邦（十六邦）的大學提出申請欲就讀的科系。

(4)另外一種學制叫做綜合學校。這種學校招收第五級到第十級的小孩。有一些綜合學校有類似文科中學的高級班。綜合學校以合作的方式將普通中學、實科中學和文科中學的教育方式一起組織起來。在整合的綜合學校裡的一些科目課程，已經是原來課程（比如數學、第一外語、德文、化學／物理）的一部分，從第七級開始，在課程裡，依不同的科目分成兩個資格層面。課程的水準取決於能否達到第九或者第十級（職業學校畢業、中等學校畢業，可以進入文科中學的高級班）的程度。

在統一後的新邦還有其他的學制形式，比如在圖林根邦的「常規學校」（Regel-schule）、在薩克森的「中級學校」（Mittelschule）和在薩克森－安哈特邦的「第二級學校」（Sekundarschule）。這是將普通中學和實科中學結合在一起，從第七級授於即將畢業的課程。在這種學校的第九級和第十級結束後，等同於從普通中學、實科中學、文科中學和綜合學校畢業的學歷，它於一九九三年的德國文化部長會議獲得十六邦的一致承認。

身體有殘疾的小孩和青少年無法進入一般常規的學校就讀時，就可進入「特殊學校」（Sonderschule），對他們則沒有限制其應盡學校的義務。

第二種受教育的管道則是「夜間部中學」，提供沒有獲得中學畢業證書的人進修。

要在德國擔任不同學制的老師一定要受過專業訓練。每一位老師一定要從一所高等學校畢業。不同的學制當然有不同的進修年限，要在基礎小學和普通中學當老師的，一般要在大學裡就讀七個學期之久。如果要在實科中學、特殊學校、文科中學和職業學校當老師的話，則需要在大學裡就讀至少八到九個學期。所有要當老師的候選人必須在其大學畢業後參加第一次的國家考試；通過後，接著再接受實際的教師培訓，然後還要再參加第二次的國家考試。老師在公立學校就職等同於國家的公務員。統一後新加入的五個邦的老師目前都是屬於國家的公務員。

二、職業教育

德國的職業教育一向為各國所稱道，並成為各國借鏡及學習的榜樣。回顧兩次大戰戰敗後的復興及今日德國的成功，領導「歐盟」迄今，皆是建立在教育的基礎上，尤其是職業教育的成功。

不準備就讀大學的學生，通常決定接受職業教育，但是也有很多可以直接上大學的學生，也選擇接受職業教育。大多數的學生接受「雙軌制」的培養，也就是在工作場所接受實際的教育培養，並結合在職業學校所上的「理論」教育。私人的經濟和國家也一起為職業教育負責。在國家這方面，邦負有校外職業訓練的任務，此時職業學校受各邦的領導。在十個受歡迎的職業裡，幾乎就有百分之四十的男性培訓生，女性培訓生甚至占了百分之五十五。男青年最喜歡接受汽車機械師、電氣安裝工、工業機械師或是在大企業和貿易的商人的實習，而女青年最喜歡比如醫生助理、零售商、美髮師和文領職員的實習。

除了在企業裡接受培訓外，年輕人還必須持續三年之久，在每個禮拜到職業學校去上一到二天的課程。在課堂上除了鑽研一些一般課程之外，特別注重學習專科理論的智識，使得年輕人在此可以比在工廠學得更好和更完整的知識；學習的成績將透過一個畢業考試來檢驗，並由一個政府立案的同業協會頒發一張合格證書。職業學校是一所給所有尚未滿十八歲，並且沒有上過其他學校的年輕人就讀的。在這個所謂就業準備年，一種理論性的職業知識適合這些學生，並且可以使他們比較容易決定一個培訓方向。

除了學徒的學習期和職業學校外，年輕人還有其他可以利用的途徑。舉兩個例子：職業專科學校（Berufsfachschule）是一種實施全日制職業教育的學校，學習年限介於一至三年。高級專科學校（Fachoberschule）招收實科中學畢業生，就讀二年後，可繼續進入高等專科學校（Fachhochschulreife），課程除了理論還有實習時間。對於學習有障礙的年輕人政府每年也投入一筆錢；所以企業也有義務，在它們全部的工作場所至少要安插占百分之六的工作給殘障者，如果不遵守這項規定的話，就要接受罰款的處罰。

在企業裡的培訓，即「學徒的學習期」，視哪一種職業而定為二年到三年半，然而平均則為三年。對年輕人的培訓只准許國家認可的職業培訓。擁有「高中畢業會考證書」（Abitur）的人，可以縮短半年的學徒期。在培訓期間成績特別好的人，時間也可以縮短半年，學徒可獲得一個每年提高的報酬，培訓規則由經濟協會和工商團體一起準備，並由該邦的主管部門核可。它們訂定哪些內容必須學習和考試。考試是由經濟自我管理組織委員會（工業和商業同業協會、手工業同業協會）和類似的單位制定的。考試委員會由雇主、雇員和職業學校的老師組成的。

來自全部的經濟支脈，還有自由業和公眾服務業共有超過五十萬個企業的學徒。在大一點的企業其培訓生在自己的工廠和工作場所接受指導。在規模小一點的企業其培訓生就直接在工作場所接受訓練。如果這些企業太專門了，為了要能夠將所有必要的知識傳授下去，它們將由超營業的訓練機構來支援。在此年輕人可以擴充他們的職業知識。

在德國，基本上沒有受過培訓的年輕人是不能夠踏入社會工作生活的。沒有學習過的工作勞力的數目逐漸減少，此也維護著職業教育的雙軌制。很多其他的國家因此對這個制度感興趣並準備接受這種工作本質。八〇年代時，詢問培訓的名額非常高。相對的，在過去的幾年，舊邦（原西德的十個邦）的詢問度降低了。超越企業的培訓場所在此期間也在新邦成為培訓景觀。在德國統一條約裡，所訂立的職業教育條約也被承認了，這是為了要減輕年輕人在職業變動時所受到的影響。

三、高等學府

德國最古老的高等學府是一三八六年創立的海德堡（Heidelberg）大學。有很多大學都已經慶祝過其五百年的誕辰。這其中傳統的大學，比如萊比錫大學（Leipzig，創於一四〇九年）和羅史托克大學（Rostock，創於一四一九年）；此外，還有二十多所大學是在一九六〇年後才創立的。在十九世紀和二十世紀的前半葉，對於洪堡德於一八〇九年所創立的大學，其當初的構想是只招收一小部分的學生，它應該只是一個獲取純知識的場所，沒有固定目的之研究和教育，這種理念越來越不能夠符合近代工業社會的需求。後來除了慢慢發展的大學之外，又形成了技術高等學校、教育高等學校和特別於七〇年代及八〇年代形成的高等專科學校。教育政策也連帶地改變了：基本上為所有年輕人而設立的高等學校一般被認為是高等學校政策的目標。

一九六〇年開始只有百分之八的人上大學，今天幾乎每三個人就有一個申請進入大學。一九九五／九六年的冬季學期在德國有一百八十五萬的大學生。一九九六年新的就學人數有二十一萬六千多人。開始就讀大學的人數與前年相比稍微少了一些。國家自從在六〇年代開始，因應「教育爆炸」的策略是多方擴充財政經費及增聘師資，引入新的學習管道和強化稍後的職業實習。學校的擴建跟不上學生人數的激增，以至於在過去幾十年德國高等學府的就讀狀況發展得很不理想。還有平均就讀大學的年限也太長。聯邦和各邦政府目前提出建議：就是如何經由課程結構的改革提昇學生的成績和改善高等學校的效率。

高等學府除了教學的任務之外，還負有一項重大的使命，即是奠下「研究」的基礎。經由它們在基礎研究的成績，也為德國高水準的研究做出貢獻。

高等學府是由各邦設立的。有關高等學府的擴建和新建計畫，還有它們的財政規劃都是由聯邦政府和各邦政府一起合作的。為了將來的教育計畫和研究需求特別成立了聯邦－各邦－委員會。在這個框架下，聯邦和各邦在教育本質的範圍內一起推動改革。反之高等學校有自我管理的權力，它們在法律的範圍內有自己的憲法。

高等學府最深具意義的質量指標是大學和跟它一樣同時設立的高等學校。在這些高等學校的學業以通過文憑、碩士或國家考試的學位結束其課程。緊接著的繼續深造可攻讀到博士考試或是攻讀到獲得一種學位為止。

專科高等學校是最年輕的，但同時也是最吸引人的高等學府，尤其是在工程師、資訊、社會學、設計和農業科系有一個與實習有關的教育訓練課程，它最後以一個文憑考試結束其學業。今天幾乎有三分之一的大學新生選擇這種大學形式，它的常規就讀時間比大學短一點。

在二個邦，即黑森邦（Hessen）和北萊茵－威斯特法倫邦（Nordrhein-Westfalen），自從七〇年代以來就有「完全高等學校」（Gesamthochschule）。它把不同的高等學校形式歸納在一個屋簷下，並提供在與就讀管道和課程結束時相稱的更多可能性。還有在一九七六年時，德國在哈根（Hagen）設立了一所函授大學，它在一九九四／九五年冬季學期幾乎有四萬名學生。

高等學府的教育政策廣泛對各階層民眾開放。在此舉一些例子：一九五二／五三年時，所有就讀的大學新生有百分之四來自工人家庭，今天則有百分之十四。一九五二年時，就讀的學生有五分之一是女性。今天在舊邦（即前西德）有百分之四十是女性，在新邦則有百分之四十六為女性。

每所大學都會對學生推薦「教學計畫」和要求考「中間考試」（Zwischenprüfung），然而大學生們可以從很多就讀科目裡，選擇自己要學習的重點科目和課程。就讀大學者不必向國立的大學繳交學費。在大學註冊的學生透過大學可以投保「意外險」，並在健保方面享有大學生的費率優待。

當大學生生活困難，即首先指父母的收入無法支持他們的生活開銷時，他們有權向「國家的教育資助法」機構（BAföG）申請補助，一半的款額當作獎學金，另一半當作無利息的借款，但根據規定，要在資助最高期限結束的五年後歸還此一半的借款。BAföG的實施是由六十五所大學生機構根據國家的公法執行。它們在經濟、社會、健康和文化等方面對於高等學校學生的支援有很大貢獻。

能入住大學生宿舍的一個房間，對於就讀的大學生而言是最物美價廉的。每年入學的大學生皆可向學校申請宿舍，有雙人房及單人房。在新邦有百分之五十五的學生住學校宿舍。至於必須在校外住宿的大學生，其房租對他們來說是個沉重的問題，因此除了課業以外，還要從事一種兼職的大學生，人數現在增加了百分之六十。

由於擁向高等學府的人潮洶湧，導致勢必擴建容納空間，因此全德國只好實施限制申請入學這一個辦法了。地區性的限制申請大學直接經由高等學府辦理。擴及全邦的限制入學許可就統一經由在多特蒙德（Dortmund）的「大學入學分發中心」（簡稱ZVS）統一分發。分發的標準訂出兩項規則，一是高中畢業會考的平均分數，另一是等待入學許可證的時間。在全德國詢問度特別高的科系就有一個所謂的「特別選擇處理辦法」。及大學入學許可證的分發除了高中會考畢業證書的平均分數，測試的等待時間和遴選面試都有決定性的影響。

長久以來，就有人在討論大學課業的改革，特別是應該縮短就讀大學的年限。今天一個大學生從就讀起直到結束職業的培訓，平均要花十四個學期、也就是七年都在大學裡。這和國外的大學比較實在太久了。加上開始就讀大學的學生年齡越來越大，他們常常在就讀大學之前，先從一個多年的學徒學習或是服兵役開始，直到學習結束或服民兵役結業，這樣起步較晚的人，在從事一種職業上是一個嚴重的缺點，與其他國家相比較——特別是鑑於持續增長的國際變動情況，比如像在歐洲的內部市場——已落後甚多。

德國統一以後，也不遺餘力地整頓東部五個邦的高等學府，首先列出高等學校要

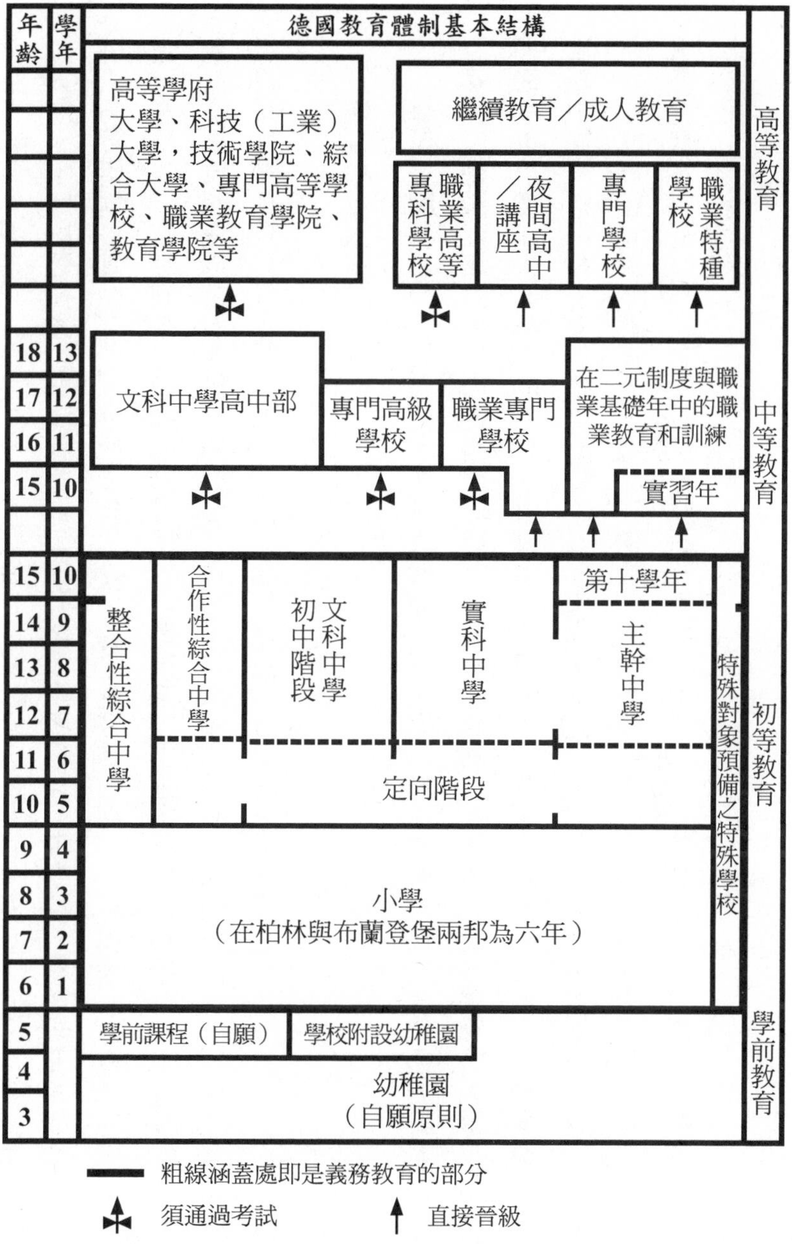
德國教育體制基本結構
年齡
學年
高等學府
大學、科技（工業）大學，技術學院、綜合大學、專門高等學校、職業教育學院、教育學院等
繼續教育／成人教育
職業高等專科學校
夜間高中／講座
專門學校
職業特種學校
高等教育
文科中學高中部
專門高級學校
職業專門學校
在二元制度與職業基礎年中的職業教育和訓練
實習年
中等教育
整合性綜合中學
合作性綜合中學
文科中學初中階段
實科中學
第十學年
主幹中學
定向階段
特殊對象預備之特殊學校
初等教育
小學
（在柏林與布蘭登堡兩邦為六年）
學前課程（自願）
學校附設幼稚園
幼稚園
（自願原則）
學前教育
18 13
17 12
16 11
15 10
15 10
14 9
13 8
12 7
11 6
10 5
9 4
8 3
7 2
6 1
5
4
3
粗線涵蓋處即是義務教育的部分
須通過考試
直接晉級

更新的項目，當時就挹注了二十四億馬克。目前在新邦（指前東德的五個邦）有十七所大學、十四所藝術和音樂高等學校，還有二十六所專科高等學校。學術研究有部分併入高等學校，有部分則由聯邦和各邦支持經費，獨立於學校的研究機構。有專業（法定）資格和沒有受到政治負擔的高等學校教師則被安排進入公家機構服務，並且要大量引進來自西邊（指前西德）的教師，特別是在法律和經濟這二個科系的師資。在新邦的高等學府和經濟的合作使高等學校的教育呈現出另一番新氣象。

四、學術與研究

每年眾所矚目的諾貝爾獎，在過去的幾年於化學、物理和醫學都會有德國的科學家獲獎。德國能培養出眾多的科學家與它完整及扎實的教育制度有關。德國的大學早期即注重自然和人文科學的教育。直到第二次世界大戰為止，四十五名諾貝爾物理獎得主中德國就占有十名，四十名化學獎得主中德國占有十六名。在希特勒獨裁統治時，一九三三年起有很多菁英分子離開了德國。有些人到美國去，他們為美國的科學界作出了貢獻。[22] 這個大失血德國在一九四五年後才慢慢地、且以最大的努力使之恢復過來。

德國統一後，研究工作才又開始了另一個新的里程碑：在這個領域重建一個適用於全德國的規則。新邦今天擁有一百四十個與一萬五千名工作人員的非附屬於大學的研究機構。新邦的重點研究特別擺在原料和材質、資訊技術、顯微電子、生物技術、環境研究、地質學和健康研究。在許多（長期）駐地有非屬於大學的研究機構和公司的研究部門及高等學府一起合作研究。新邦的研究工作包括了無數的歐洲和遍及全球的項目、合作關係及合作品項。

在德國的研究工作由三個不同的專業範圍來推動：1. 高等學府、2. 公立和私立的非隸屬於大學、非工業的研究機構和 3. 經濟研究場所。

在高等學府做研究是項古老的德國傳統。「研究和教學合而為一」是自從上個世紀由洪堡德改革普魯士的教育以來，高等學府生態的一項牢不可破的主要原則。高等學府是聯邦德國研究的基石。它們包括所有學術紀律的研究。基礎研究的重點在高等學府，它們確保後進的科學研究者的教育，並且保障固定人員的更新。

22. 在一九七〇年代，報紙曾有個笑話插圖：一位美國和一位俄國的太空人在外太空見面了，兩個人第一句的打招呼用語，竟然是用德文。

高等學府在許多領域裡都有重要的專業研究者，特別是在基礎的自然科學研究和精神學，他們在新的研究方面是促進成長的關鍵。在實用的研究和發展方面，高等學府和其他的研究機構及工業實驗室經常有合作，這可促進和加速將他們的理論知識轉成實踐，在這種與轉換有關的研究領域，高等學府也扮演一個重要的角色，特別是對於小型和中型企業而言，它們是重要的可協商的伙伴。

跟高等學府關係密切的六個機構，即是在杜塞道夫（Düsseldorf）、哥廷根（Göttingen）、海德堡（Heidelberg）、萊比錫（Leipzig）、梅茵茲（Mainz）和慕尼黑（München）的學術研究機構，還有一九九二年新成立的柏林－布蘭登堡（Berlin-Brandenburg）藝術學院。它們是學術的聯繫中心，並且特別支持長期的學術思想活動，比如出版字彙和各種版本的書籍。由各邦支持的高等學校研究經費則是來自德國研究共同組織（die Deutsche Forschungsgemeinschaft，簡稱 DFG），它是高等學府第三大資金的來源，而 DFG 則從聯邦和各邦獲得資金來源。

馬克斯－普朗克協會（Max-Planck-Gesellschaft，簡稱 MPG）是贊助科學的基金會，為除了大學之外最大的研究組織。它大部分從聯邦和各邦獲得財政支持，並且在舊邦擁有超過六十個頂尖的研究組織。在新邦它也繼續成立基金會，MPG 請求在它的組織設立基礎研究，並且超越高等學校的架構或者要求特別大的設備。

一項最具有意義的國家研究政策之工具是十六個大研究機構，那是百分之九十由邦（聯邦的教育、科學、研究和技術部）和當時從各自的邦（所在地，即指在那裡是大研究中心的定居點）獲得財政支持。它們的任務從探索有關空氣和太空的物質之最小組成部分，一直到癌症研究或者環境和氣候的研究，皆隸屬其範圍。

一個介於研究和在經濟方面使用它們研究成果的重要媒介是佛勞霍夫協會（Fraunhofer-Gesellschaft），在它的五十個機構裡，它致力於在自然科學—技術領域的委託研究，特別是經濟領域。

大型的德國科學基金會也扮演一個深具意義的角色，這裡要特別提到佛利茲—提森基金會（Fritz-Thyssen-Stiftung）和福斯汽車基金會（die Stiftung Volkswagenwerk），它們和德國學術基金會是最被常提起的贊助者，特別是在高等學府研究這一方面。由聯邦政府資助的亞歷山大・馮・洪堡德基金會（Alexander von Humboldt-Stiftung）媒介外國科學研究者在德國的研究、德國科學研究者在外國的研究，並且也安排優秀的科學研究者到各個國家從事研究旅行。

今天很多國家的工作如果沒有學術性的前置作業和建議幾乎不能完成任務。各邦無數的學術和研究機構，比如聯邦健康局或聯邦環保局，還有各邦的研究機構在此都積極地投入工作。

在研究方面呼籲國際性的合作是德國研究政策的一個重要觀點。除了建議交流和德國及外國的學術人員直接接合作外，比如透過亞歷山大・馮・洪堡德基金會或德國學術交流協會（DAAD），還有其他各種形式的國際合作。德意志聯邦共和國和超過三十多個國家簽訂有關學術－技術交流的雙邊條約，在歐盟裡，研究和技術合作是重點，特別是在研究和技術項目。合作將經由銜接的形式，越過共同領域達成其目標，比如和第三國在實用方面的研究合作。

在歐盟層級方面，部分合作是設立學術性的技術設備，可能會使一個邦的財政過度增加費用。此外，還有設在日內瓦（Genf）的歐洲核能研究組織的高能量加速儀，在葛連諾伯（Grenoble）[23]的馬克斯・馮・勞爾（Max von Laue）[24]、保羅・朗格溫（Paul Langevin）[25]、或者在海德堡（Heidelberg）的分子生物學研究機構。這些合作之共同目的就是以國際間積極的合作、共享研究資源和同時在國際之間加強歐洲的競爭力。

23. 在阿爾卑斯山的法國山區之城市。

24. 勞爾（Laue, 1879-1960），德國物理學家，一九一四年獲諾貝爾物理學獎。

25. 朗格溫（Langevin, 1872-1946），法國物理學家。

貳──遍及全球的難民問題

「每四秒鐘就有一個人被逼逃亡，他必須離開自己的故鄉，並且還得拋棄其住處」（UNHCR 如此聲明）。[1] 目前遍及全球有將近六千萬人處於逃亡中，或是陷於一種「類似逃亡」的處境。根據聯合國高等專署難民辦事處的估計，此數據比第二次世界大戰還高出許多。

我們還可以繼續讀到這樣的一個句子：「假如全部的這些處於逃亡和被驅趕的人，他們如果想要建立一個國家的話，在這世界上將會是排名為第二十四大的一個國家。」

---

1. UNHCR：聯合國高等專署難民辦事處（das Hohe Flüchtlingskommissariat der Vereinten Nationen）之英文簡稱。

有百分之八十到八十五的難民會留在同樣的地方，或者是他們的故鄉，這些人被稱為「內部／內心的被驅逐者」，估計二〇一四年有三千八百二十萬的內心流亡者。而且，向其他國家申請保護的難民大多數都是遠離歐洲（Europa）去過自己的生活。在十個難民中有九個（占八十六%）會在發展中國家裡生活，大部分的難民都逃到鄰國的交界處去。

逃向歐洲的難民潮

二〇一四年在全歐盟（Europäische Union）地區整整有五十萬人申請「避難權」。在這些歐盟國家裡，大部分難民都是向德國提出他們第一次的「避難申請」，二〇一四年有十七萬二千九百四十五人。德國雖然接受了大多數的難民，但並不影響本國居民的人數；然而與他國相比，瑞典、丹麥或者瑞士接受難民申請者的比例明顯地比德國高出許多。

比起前二年，在二〇一四年有高於百分之四十四的避難申請者來到歐洲。雖然如此，可是在法國申請避難者的人數卻下降一個百分點。相對地，在德國卻有百分之

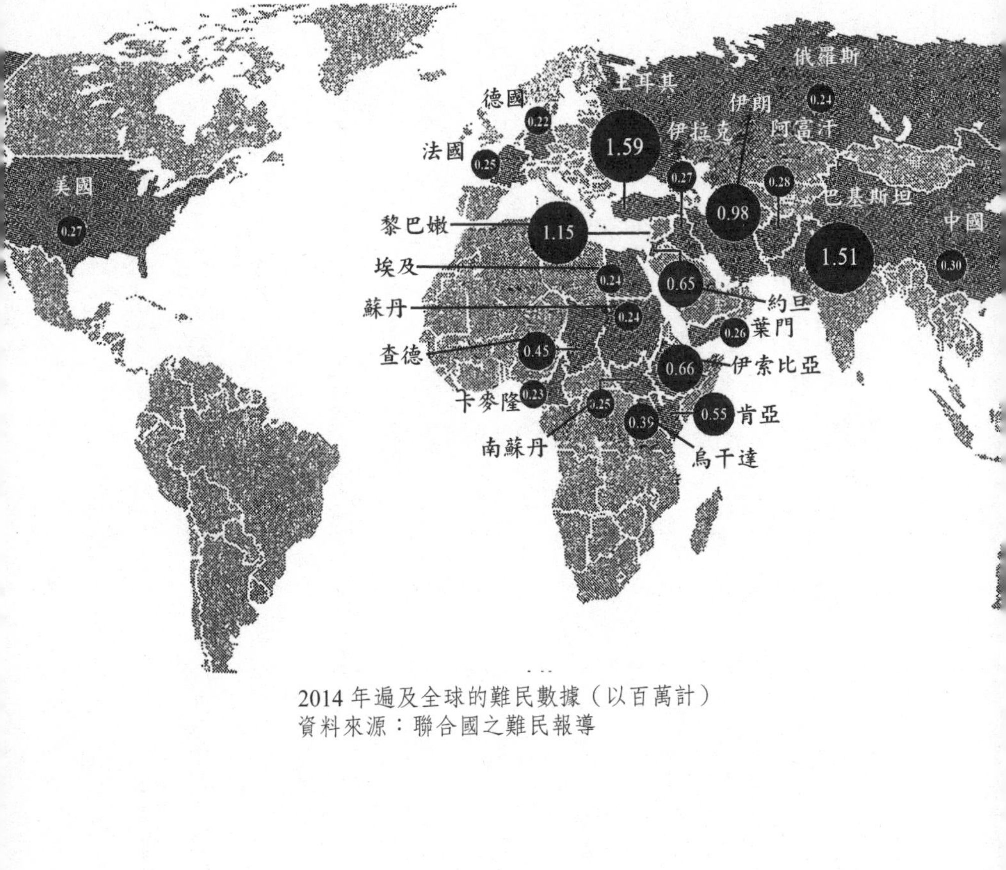

2014 年遍及全球的難民數據（以百萬計）
資料來源：聯合國之難民報導

五十九強的申請，尤其在義大利甚至高達百分之一百五十四。到二〇一五年時，德國估計會有八十萬個避難申請者。（針對避難者在歐洲的申請數據請參見下列數據表）

在歐洲的避難申請者（二〇一四年每千名居民之比率）

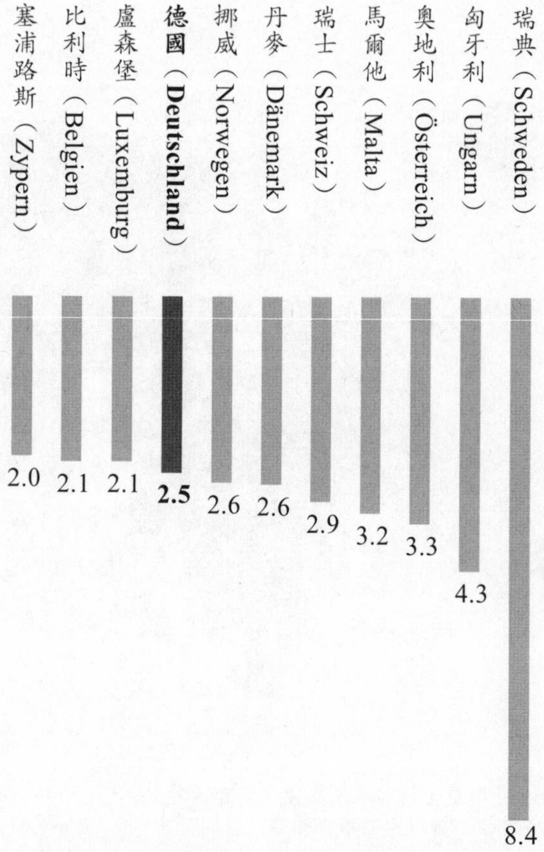

荷蘭（Niederlande）	1.6
保加利亞（Bulgarien）	1.5
義大利（Italien）	1.1
法國（Frankreich）	1.0
希臘（Griechenland）	0.9（比較：在黎巴嫩每一千個居民中有二百五十七個難民）
芬蘭（Finnland）	0.7
英國（Großbritannien）	0.5
伊斯蘭（Island）	0.5
愛爾蘭（Irland）	0.3

──其他國家：〇・二有波蘭，斯洛維尼亞，拉脫維亞，立陶宛／〇・一有捷克，愛沙尼亞，西班牙，克羅埃西亞，斯洛伐克，羅馬尼亞／〇・〇只有葡萄牙。（資料出處：德國聯邦政府，二〇一四年）

人民為什麼要逃亡？

「人們必須離開自己的故鄉，原因是在那裡由於他們的種族、宗教、生活方式，或者是他們的政治立場受到威脅，這時他們就成為政治難民了。大家都有權在另外一個國家生活得長久，直到能夠回到自己的故鄉為止。」

人們因為不同的理由，離開他們的故鄉：比如戰爭、被追緝、天災，或者是希望過更好一點的生活。然而從國際法的觀點來看，有必要區別人們離開原居住地的兩點原因：一是必須從他們的故鄉逃亡，二是自願到另外一個國家定居或旅行。這兩者之間有其不同的出發點。

根據避難的法律程序，可以確定申請者是否具有難民身分的資格；國際難民署審理程序法決定，哪一些難民申請者可獲得國際性的保護，而具有難民資格。聯合國高等專署難民辦事處（UNHCR）向避難機構提供意見並且監督它，使它的委託者（即指難民）能依法享有難民權及難民保護，並且確保自一九五一年以來，制定的「日內瓦難民公約」（Genfer Flüchtlingskonvention，簡稱 GFK）能夠確實付諸實施。此公約從一九五一年起，即承認基於種族、宗教、民族、隸屬於一個固定的社會團體，或者由於政治信念的不同而需要逃亡，皆為合法的逃難原因。底下將列出逃難的動機：

逃亡和移民的理由

來源國家的「推動因素」	多項因素	（被）接受國家的「拉扯因素」
人口成長	← 人口發展 →	人口停滯，也即人口下降
失業、低薪、低消費和低生活水準	← 經濟因素 →	缺乏人力、高薪資、高富裕和消費水準、高生活水準
教育資源不足和缺乏健康照顧，缺少社會保險，沒有住房	← 社會因素 →	教育機會多，健康照顧，社會安全
專制，酷刑，內戰屠殺人民	← 政治因素 →	民主制度，保證人權和公民權
歧視宗教、民族及文化群體，追捕少數民族群，禁止宗教和語言訓練	← 宗教—人種的因素 →	沒有宗教—人種的歧視，保護少數民族，保證宗教信仰
「合法」的貶低，合法的種族主義，行政的監督	← 法律因素 →	遷入的多種可能性，權利保障，禁止貶低

環境浩劫，荒地的形成，燃料和飲水的缺乏，土地腐蝕，缺少環境政策

↑生態學因素↓

完整無損的環境，資源和環境保護準則

然而半個世紀之後，除了先前（即上面）提過的「合法逃亡原因」，還有無數其他的原因及理由，每年逼使成千上萬的人離開自己的家鄉（祖國）。會如此都是由於衝突、糾紛和一般的權力糾葛所造成，比如內戰，另外還有天災、氣候變遷或者饑荒等因素。

最重要的國際難民權益研究所（GFK）機構明確地指出，人們並不只是因為如上提及的因素而需要逃亡。當國際性的組織解除GFK的職務時，它是以第二次世界大戰的難民潮的過程來看的，那時候既不是氣候變遷，也不是內戰造成逃難的因素。

法律上不同的認定

針對難民的法律問題產生了不同的看法與定義。就像「非洲統一公約組織」（die Organisation für Afrikanische Einheit）於一九六九年明確地認可，衝突和一般的權力形

勢所造成的逃亡理由為合法，就連國際上的運作也有部分和已改變的法條相吻合。所以「聯合國高等專署難民辦事處」（也即指 UNHCR）所持的觀點是，由於這些理由而逃亡，並且其國家不能或者是不願意保護他們時，都可將這些人判斷為難民。一些國家，比如德國就會保護這些既不符合難民定義，也不能夠享受難民法的人，為他們提供所謂的「援助保護」。但是也有一些國家對此難民的定義非常狹隘地闡釋，這也即是說，因為戰爭因素而逃亡的人，或者由於叛亂活動而擔心被恐嚇的害怕者，則無法獲得難民資格。今天在專業領域裡，還在爭論 GFK 是否符合時代潮流的思考。

這些難民是從哪裡來的？

為了要在另外一個國家尋求庇護，這些難民必須要常常為這危險的逃難途徑擔驚受怕。因為他們必須倉促地離開他們的故鄉，或者在他們的國家也缺少與此有關的官署可資協助，難民們身上常常沒有合法的旅行證件，因此他們大多數人都沒有辦法逃離，所以只好相信肆無忌憚的人蛇集團，由他們帶領離開邊界。許多人為了想要有一個更好的將來，因而踏上這趟旅程，不只花了一大筆錢，有時甚且要賠上生命。

二〇一四年遍及全球的難民數據

八個難民最多的來源國	（以百萬計）
敘利亞（Syrien）	三・八八
阿富汗（Afghanistan）	二・五三
索馬利亞（Somalia）	一・一一
蘇丹（Sudan）	〇・六六
南蘇丹（Südsudan）	〇・六二
剛果共和國（Demokratische Republik Kongo）	〇・五二
緬甸（Myanmar）	〇・四八
中非共和國（Zentralafrikanische Republik）	〇・四一

八個收容難民最多的國家	（以百萬計）
土耳其（Türkei）	一・五九

巴基斯坦（Pakistan）	一・五一
黎巴嫩（Libanon）	一・一五
伊朗（Iran）	〇・九八
衣索比亞（Äthiopien）	〇・六六
約旦（Jordanien）	〇・六五
肯亞（Kenia）	〇・五五
查德（Tschad）	〇・四五

境內被驅逐者人數最多的國家	（以百萬計）
敘利亞（Syrien）	約七・六〇
哥倫比亞（Kolumbien）	約六・〇〇
伊拉克（Irak）	約三・六〇

剛果共和國（Demokratische Republik Kongo）	約二・八〇
蘇丹（Sudan）	約二・一〇
南蘇丹（Südsudan）	約一・五〇
索馬利亞（Somalia）	約一・一〇

歐盟的難民政策

新近在地中海（Mittelmeer）發生的難民悲劇事件，促使歐盟委員會迫切地定出十點如下的計畫，阻止之後再有類似的悲劇發生。

1. **提供更多的海上緊急救難措施**：邊界防守方案「特里通」（Triton）[2]和「波塞頓」（Poseidon）[3]計畫應該獲得更多的金援。針對此計畫可能擴大巡迴檢查有船隻行駛的海域。
2. **摧毀人蛇集團的小船**：應該扣押人蛇集團的船隻，並且將它們銷毀。

3. **合作**：警察機構「歐洲刑警組織」（**European Police Office**，簡稱 Europol）、「邊界保護特勤員」（Frontex）[4] 和法律機構「歐盟法庭」（Eurojust）應該更進一步加強合作，查緝人蛇集團。
4. **修訂「難民申請法規」**：「歐盟有關避難問題贊助室」（EASO）應該在義大利（Italien）和希臘（Griechenland）成立專業工作團隊，快速地審查處理難民申請案件。
5. **按手指印**：歐盟國家應該確保全部的難民都需要按指印，並列入保管其資料的檔案裡。
6. **緊急事件**：應該徹底地研究，是否在緊急事件時，能夠分擔並處理一個特殊事件。
7. **分擔**：這個構想是歐盟一項針對更長遠、更自由的分配難民的規劃。在第一梯

---

2. 希臘神話裡半人半魚的海神。
3. 希臘神話裡的海神，是宙斯的哥哥。
4. Frontex：全稱 Frontières extérieures for "external borders"（法文），此機構為歐盟邊界的主管機構，即「歐洲國際邊界管理署」。

次的分配，可能有辦法給予五千位需要保護的人。

8. **快速的驅逐**：一項新的和 Frontex 並列的新項目應該能留意到，將非法的移入者順利地再度送回其國家。

9. **利比亞和北非的鄰居**：委員會建議和利比亞（Libyen）鄰近的周邊國家合作——這些國家也即是搭乘船隻的難民之最重要的過境國。

10. **官員之聯繫**：在一些重要的第三國裡，可以任命所謂的聯繫移民問題的官員，這些人有權收集針對難民活動的資料。

難民身分資格的認定

根據「難民迫害條款」（AsylVfG）第三章第一款的規定，一個外國人會被承認為難民，其先決條件是：如果他因為其種族、宗教、國籍、政治信仰，或者本身不住在其來源國，但屬於某一個特定的社會團體，這些都可以構成他恐懼被迫害的理由，他可以不需要這種保護，或者因為害怕而不願意受保護。根據德意志聯邦共和國的「基本法」（Grundgesetz，即德國憲法）第十六 a 款規定，政治被跟蹤者可享有「避難權」

（Asylrecht）。在德國的避難權不只是像在很多其他的國家一樣，享有來自一九五一年「日內瓦難民公約」（GFK）國際法的義務保護，並且也是屬於憲法層級的公民基本權利。它可說是只有外國人應當得到的唯一之基本權利。

基本上只要考慮到國家法律上的追究，也即以國家為出發點的迫害。只有一些例外，如被看成是國家的迫害者，或者不是國家的迫害者及好像是國家的迫害者則不被認為是難民。一般的緊急狀況，比如貧窮、內戰、天災或是毫無任何觀點而遭迫害，基本上都要對於難民加以輔助的。在這些狀況下都會同意考慮給予援助保護。

在援助保護方面，一個第三國的家屬（親屬）或是無國籍者都可以提出援助要求，因為他或她既不是經由被承認有難民資格，也不能經由「難民法」給予保護。他或她就會被承認在法律上必須給予支持的有資格者，先決條件是如果他或她能提出有根據的、且能被接受的理由，即是指在他或她的家鄉，或在他或她的來源國受到嚴重的損失及威脅。被視為嚴重的損失有：災難、禍患、法律上判決的死刑懲罰、拷打逼供或是不人道或是侮辱地被對待、處罰，或是個人生命受到嚴重的威脅，或者是一個平民雖未受到傷害，但由於專橫的強權統治者在一項國際或國內挑起配備武器的爭端事件，都可尋求援助保護。

參——歐洲難民潮的形成與情況

每次一遇有動盪不安的局勢就會產生「難民」，難民是指享有公民權的人由於政治、宗教或種族的原因，必須離開他的故鄉，而因此在國外不能夠再享有外交保護權。自遠古以來，難民逃亡有其悠久的歷史，同時也是一個歷久彌新的現實問題。難民的實質問題在第一次世界大戰後才被定義下來，而第二次世界大戰卻造成了世界人口大逃亡。二戰後，聯合國成立了難民組織，自一九五一年以來，難民就受聯合國難民委員會的保護。一九五一年七月二十八日，「日內瓦條約」（das Genfer Abkommen）確立難民的定義和概念。

六月二十日是「世界難民日」，根據二〇一六年六月二十日當天發布的一項《全球趨勢報告》指出，世界正經歷二戰以來最嚴重的難民危機，難民人數直逼全球人口

逃離阿勒波（Aleppo）

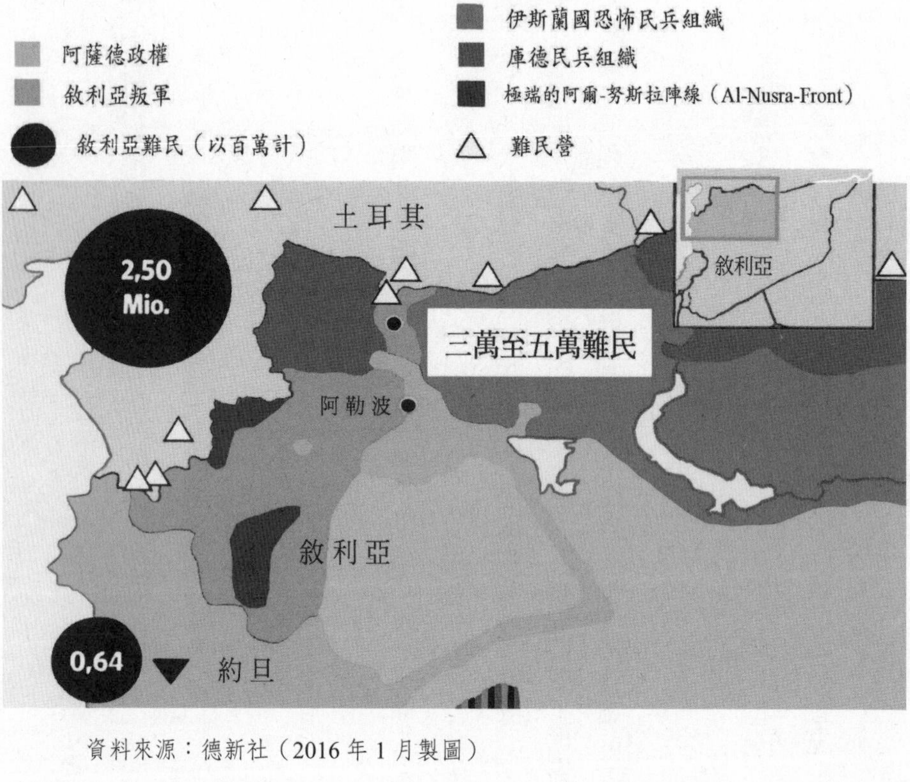

資料來源：德新社（2016 年 1 月製圖）

在敘利亞的戰爭
目前敵對黨和聯盟

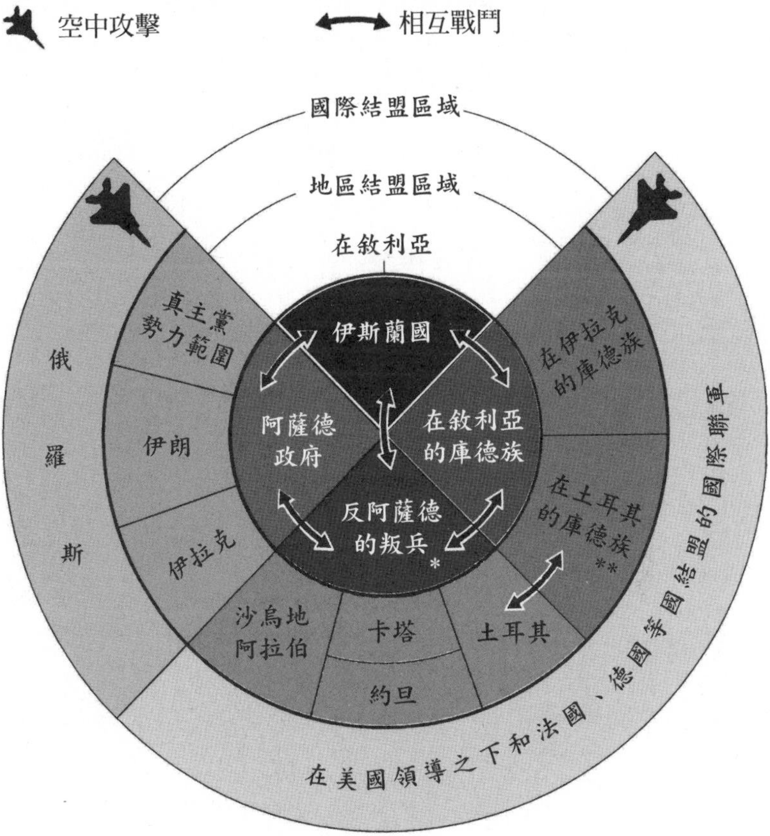

* 這其中尚有伊斯蘭的民兵（民兵組織）
** 沒有國際上的支援

的百分之一，[1] 這是令人震撼的數據。而目前由於各敵對勢力團體的衝突，飽受屠毒的難民大多數來自敘利亞（Syrien）。

敘利亞簡介

敘利亞西邊瀕臨地中海、北邊與土耳其（die Türkei）為界，東邊與伊拉克（der Irak）、南邊與約旦（Jordanien）毗連，在最遠的西南邊與以色列（Israel）、而偏西南邊與黎巴嫩（der Libanon）為界，總面積為十八萬五千一百八十平方公里。敘利亞是個有四千多年歷史的文明古國，西元前三千年就已經有原始城邦國家存在。這裡的居民酷愛詩歌，歷史上曾創造了燦爛的文化，古都也是現在的首都大馬士革（Damaskus）有多處遺址，都是當時輝煌的見證。

敘利亞的官方語言是阿拉伯語，人口中的百分之八十七・八是阿拉伯人，其餘的

1. 見中華民國一〇五年六月二十一日／星期二，《中國時報》「每113人就有1人是難民」，焦點新聞A2。

被四分五裂的敘利亞

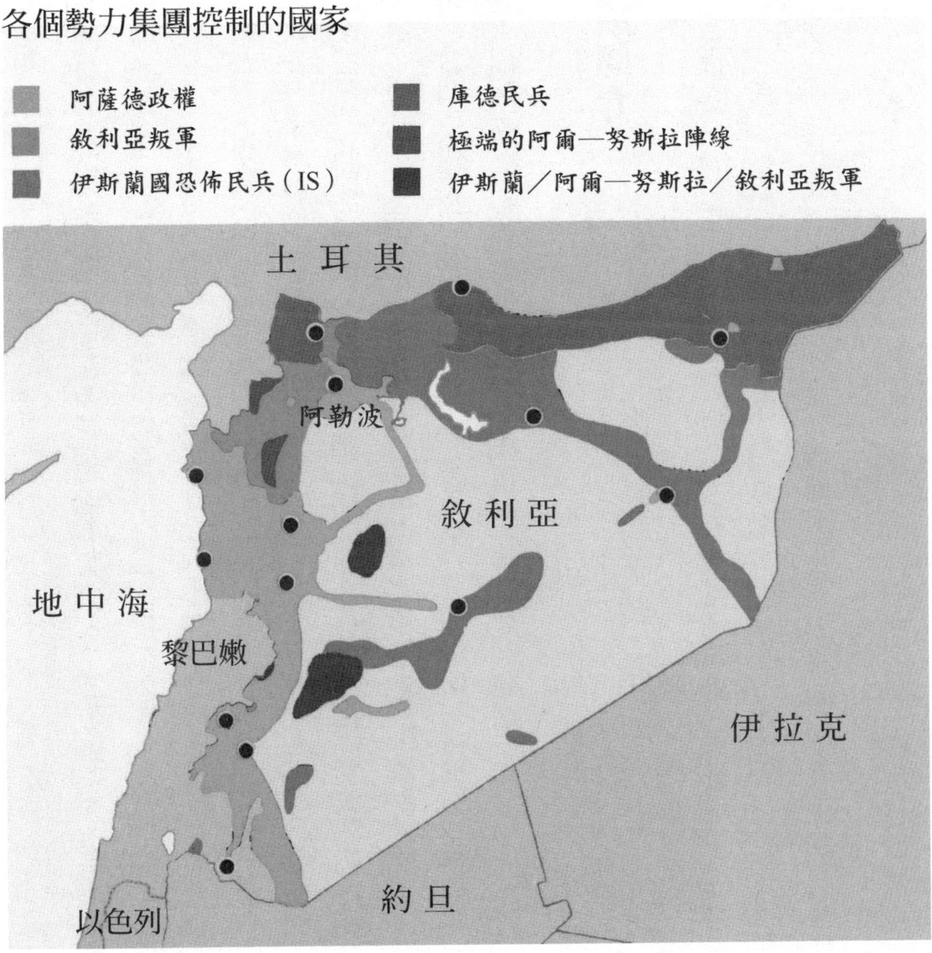
各個勢力集團控制的國家
阿薩德政權
敘利亞叛軍
伊斯蘭國恐佈民兵（IS）
庫德民兵
極端的阿爾─努斯拉陣線
伊斯蘭／阿爾─努斯拉／敘利亞叛軍
土耳其
阿勒波
敘利亞
地中海
黎巴嫩
伊拉克
約旦
以色列

有百分之六的庫德人（Kurden）、百分之三的阿美尼亞人（Armenier），和一些零零碎碎的族群：土庫曼人（Turkmenen）、切克森人（Tscherkessen，俄羅斯高加索族的一支）、土耳其人、羅瑪人、波斯人。全國百分之八十七・四的居民信仰回教，約有百分之十是基督教。學校的義務教育為六至十二年。政治體系是民主、社會的共和國。一九七〇年哈菲茲・阿薩德（Hafis Assad, 一九三〇—二〇〇〇，人稱老阿薩德）發動軍事政變，掌握了敘利亞的實權，於翌年就任總統，一九七三年制定憲法，從此便以獨裁者的身分統治敘利亞。他死後，由其子巴夏爾・阿薩德（Bashar Assad, 一九六五—）擔任總統。敘利亞與伊朗（Iran）同為「反美國家」，老阿薩德在東西冷戰時期，就與蘇聯交好；因此，現在敘利亞仍然反美，但和俄羅斯保有良好關係。

伊斯蘭國簡介

中東地區的局勢在二〇一一年「阿拉伯之春」民主運動的影響下，局勢更加動盪不安。二〇〇一年的九一一事件後，[2]美國進行「反恐戰爭」，入侵阿富汗（Afghanistan）與伊拉克，二〇一一年美軍撤離伊拉克後，權力的真空狀態讓伊斯蘭國（ISIS）趁虛而入，它是在美國整個中東戰略下所衍生的產物。「伊斯蘭國」的國名幾經更名，二〇〇四年成立「伊拉克蓋達組織」（AQI），二〇〇六年十月改名為「伊拉克伊斯蘭國」（ISI），二〇一一年美軍撤離伊拉克，二〇一三年四月擴大改稱為 **The Islamic State of Iraq and the Levant**，直譯為「伊拉克與地中海東部黎凡特的伊斯蘭國」，簡稱為 **ISIS** 或 **ISIL**，國際間並不承認它是一個國家，只認定為武裝組織（見《伊斯蘭國》，頁一三、一四）。有關它的崛起原因及其林林總總，報章雜誌已經有過不少的介紹，包括其豐沛的資金來源，係來自石油與綁架人質贖金等，嚴密的架構組織、善於利用網路宣傳戰的影響力、恫嚇人民與懲處叛亂分子的嚴酷刑罰，令人咋舌；二〇一四年六月二十九日宣布建國的「伊斯蘭國」，誘使全世界的熱血青年紛紛投效。目前的勢力範圍（版圖）占據了**橫跨敘利亞和伊拉克部分的領土**（見圖），它設有政府、軍隊、法庭與自主的財政體系，其統治下的人口總數約六百萬人，已可稱作一個準國家實體。現今有多方勢力在此地區角逐（見頁九九之圖），不願意在此地區生活的人民，唯有逃離一途（見下文，逃亡路線）。

2. 最著名的畫面是恐怖分子以兩架飛機攻擊並穿越美國紐約的雙子星大廈。

IS 占領區形勢圖

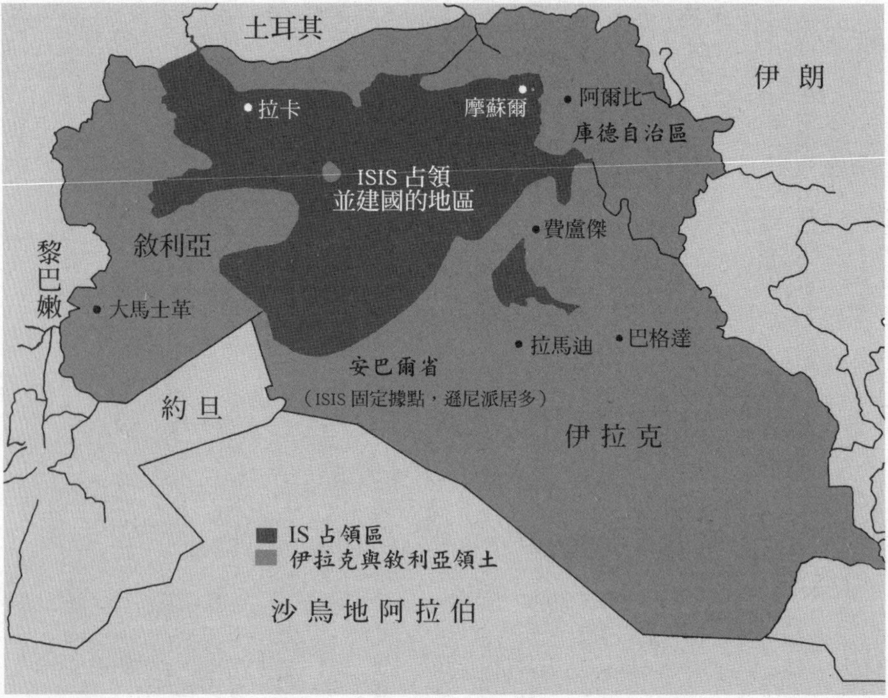

摘自王友龍著，《你所不知道的 IS》。（註：IS 占領區參照 2015 年 6 月底維基百科的資料繪製而成）

逃亡歐洲之路線

根據聯合國援助機構二〇一四年的報導，計有八十六萬六千人在工業國家申請難民登記的案件，其中有十七萬三千件是向德國申請的。與前年相較增加了百分之四十五。在敘利亞和在伊拉克，還有在烏克蘭（Ukraine）引發的爭執事件及在非洲（Afrika）一般性困難的處境，都是申請避難案件增加的原因。而二〇一五年爆升的數字簡直讓人嚇了一大跳（附圖）。

沒有人能在目前的時間點說，要多久戰爭及爭執才會結束。但在以後的幾年尤其在德國，也即在歐洲必須遏阻上升的難民數字。這件事情不只德國的各邦政府，

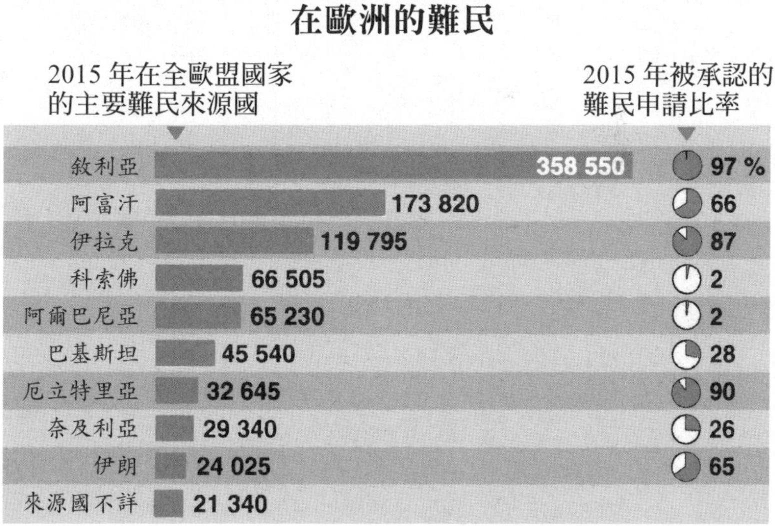

還有聯邦政府也都要一起參與。

雖然在德國的難民申請案件是最多的，如果以人口數字來比較的話，那麼瑞典、馬爾他（Malta）、盧森堡和瑞士則收容了更多的難民。人民會逃亡，原因是他們係政治異議分子，由於內戰和強權的壓迫才逃亡，或者是因為在他們的母國看不到任何生活的願景。

然而很多難民要到歐洲來也並不是這麼簡單的，因為路途不但遙遠，而且非常危險。但在哪個地方有需求，就會很快地有人提出建議，因此職業性的人蛇集團出現了，經營著龐大的商機。

並不是所有的人都冒險走越過地中海的路線。經濟能力許可的人購買比如馬爾他的歐洲護照，一本護照要價六十五萬歐元，還有加上在馬爾他五十萬歐元的地產。這樣在一年之內就可以獲得馬爾他的國籍。這集團做的生意係針對不是歐盟國家的外國人。其他的國家，比如立陶宛、葡萄牙、西班牙、匈牙利和高負債的**希臘**都以同樣的模式，吸引有錢的非歐盟公民。和難民做生意的點子是來自於他們極高的國債負擔。這點雖然在倫理上非常卑鄙、下流，然而因為自己經濟的需求，用這個方法可達到目的，也就顧不了那麼多了。

在立陶宛不只是有錢的非洲人，尚有蘇俄人和中國人必須購買二十五萬歐元的不動產，為的是能拿到一張至少有五年居留許可的證明。立陶宛經由此途徑挽救了其國家的房地產。對過著富裕生活且擁有一大筆財富的人，這是不算什麼的，因此這種生意肯定可獲利。

雖然歐盟的議會通過一項反對販賣護照的決議，然而事實上布魯塞爾（歐盟總部）壓根兒沒有辦法防止販賣護照和居留許可證的事件發生。

那些沒有這麼大財力的人——絕大部分的人——就必須採取危險的途徑，透過各種不同的方式逃亡。來自迦納（Ghana）的工人或年輕的阿富汗女生（Afghanin）要如何才能到歐洲去？

對於有網路的人，為了取得聯絡，只要點一下滑鼠，臉書上就會提供各種不同的選擇；同樣的，還有一個電話號碼，這通電話直接和一位人蛇集團的成員搭上線。他們將不只會提供可通行的道路或是常用的方法，還會提供出生證明、護照和駕照。當然必須要全部付錢。價錢是以美金支付的。他們有從幾百美元的價碼（走陸路途徑）一直到上千美元的全程無須擔憂的途徑之價碼。

我們這裡是在和一個挖空心思、想出計策和從事國際性的「旅遊服務」打交道。

而因為有這麼多人要逃亡，走私集團的營業額獲利可觀，根據聯合國的估計，每年達到七十億美元左右。利比亞（Libyen）成為一個走私中心，因此幾乎每天都有船隻航向歐洲。這趟危險的橫渡價碼介於一千到四千美元之間。根據德國《時報》（*die Zeit*）的調查研究，一趟從義大利米蘭（Mailand）到德國慕尼黑（München）的汽車行程要價五百美金。因為這種生意是如此地有利可圖，致使走私集團非常注意他們的形象。

然而當逃難者抵達利比亞海岸之前，他們大多經歷過一段非常艱辛的行程。他們不是搭乘擁擠的越野汽車，就是搭乘廉價的大卡車，這趟行程要價大約二千到三千美元。少部分的難民由家人或朋友資助逃亡，有些由於資金窘迫，為了籌錢／賺錢，在逃亡途中必須中斷行程，這些難民往往要花上好幾年時間，才能抵達他們的目的地——歐洲。

根據一項《時報》的報導，越過地中海的逃亡路線價碼是一千九百美元。一艘載有二百名難民的船要價三十八萬美元。難民們的開支費用包括船位、賄賂金和食宿約三十三萬美元，人蛇集團每一趟行程可賺五萬美金。

經由口耳相傳和社會網路的散布消息，人們很快地得知這些人蛇集團如何對待難民，所以這些集團很注意他們的聲譽（口碑），因為壞形象會使生意變差。這筆生意能維持多久，端視難民如何安全地抵達目的地而定，因此難民們在橫渡之前會先付一部分的錢，當成功地抵達目的地時，再付餘款。偷渡市場會自動地調整價碼，而有一些要剝削難民的人蛇集團，會得到令人不屑的報應，那就是沒有人會再搭乘他們的船了。

然而這期間有關逃亡的林林總總有些改變了，這些人蛇集團後來由於對這麼一種長期的生意關係不再感興趣了，他們退居幕後策劃。他們會要求事先付款，也不再雇用船員，以至於難民們必須自己掌舵。常常有所謂的「鬼船」在地中海漂浮，這些船裡都是載有上百個或者更多的難民，卻由一位只會開汽車的人掌舵，因為船上並無一位（輪船）乘務員。由此可看出這一幫人所採取的行動是多麼地肆無忌憚的一種犯罪（犯法）的行為。

有很多條從非洲逃往歐洲的路線。中間的一條路線是從突尼西亞（Tunesien）到蘭佩杜薩島（Lampedusa）[3]，那是一條從摩洛哥（Marokko）和阿爾及利亞（Algerien）的西邊到西班牙和法國的路線，另外有從利比亞的東南邊到義大利和從黎巴嫩的東邊

3. 蘭佩杜薩島是個有海棲的動植物島嶼，位於義大利西西里與非洲突尼斯之間，屬於義大利的阿格里真特省（Agrigent）管轄，是地中海佩拉傑群島（Pelagische Inseln）中最大的島嶼。其女市議長 Mrs. Rosangela Mannino 曾於二〇一六年六月來台訪問蔡英文總統。

越過土耳其到**希臘**並進入巴爾幹半島的路線。

當難民們抵達目的地國西班牙、義大利或希臘時，他們就被帶到大臨時收容所去，檢查護照並留下指印。但是也有許多難民嘗試離開並以自己的力量繼續往前走（旅行）。

難民們所抵達的國家大多已人滿為患了，因此之故，難民幾乎被粗暴地對待。所以希臘的收容所狀況可說是悲慘不已的。義大利同樣的也幾乎要崩潰了，就要難民們不必登記，讓上千個難民繼續其行程。這樣看起來，「都柏林第三條款」（Dublin-III-Verordnung）的論證顯得很荒謬。它是歐盟制定的一項條款，當時是由三十二個歐盟國家[4]共同制定並表決通過的。意即難民第一個踏上去的國家，就需要給予難民庇護權。在第五條款又明確規定，必須和每一個難民申請者親自溝通，除此之外，申請者有權應付涉及其相關之事。「都柏林條款」也保障沒有人陪伴的未成年人及家庭的完整性，因此緣由，一個歐盟的會員國可以懇求另一個歐盟的加盟國，為了讓難民家庭成員不必被分散，檢視一件這種國際性保護的申請案件。

希臘和**義大利**目前要求歐盟出手幫助，因為它們無法阻止一波又一波的難民潮。因以上原故，一些巴爾幹半島的國家關閉了它們的邊界，使得難民們的處境呈現緊張的狀況。成千上萬的難民繼續擁向**奧地利**，並從那裡再進入**德國**。現在難民的人道處境越來越惡劣。**希臘**和**土耳其**在克服難民危機的事件後答應鼎力相助。如果沒有這兩個國家的參與，則無法解決歐洲的難民問題，所以德國政府嘗試和這兩個國家的政府領導人溝通。

每天都有上百個沒有登記的難民被巴士帶到德—奧邊界，而要如何適當地安置這些難民，這也越來越困難了。官署也做好了萬全的準備，根據聯合國的報導，一直還有上千人踏上巴爾幹路線，往歐洲和**德國**的方向行進。因此這種狀況短

2015 年 10 月初，一個難民在奧地利尤巴哈（Julbach）的邊界繼續走向德國。

4. 英國於二〇一六年六月二十三日公投結果，決定退出歐盟，目前歐盟有二十七個成員國。

歐盟難民熱門聚點

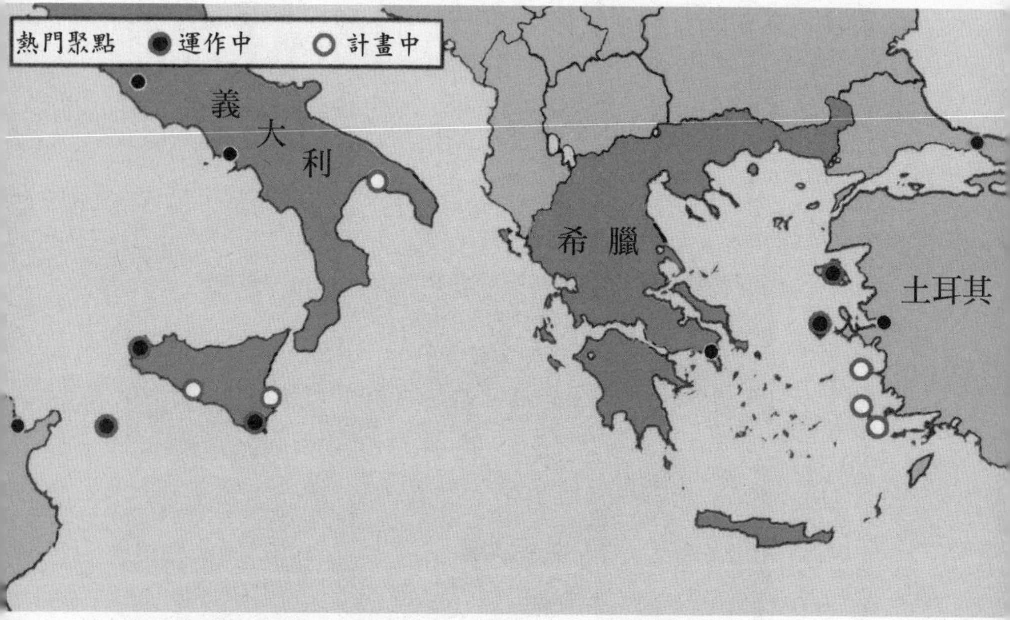

在義大利和希臘的十一個聚點，即歐盟邊界的前哨地方有歐盟工作人員登記難民。（資料來源：2016 年 2 月 17 日義大利內政部、希臘官署）

期內無法緩和。根據「歐洲國際邊界管理署」（Frontex）的報告，沒有護照的難民要到歐洲來最常行經的路線有七條：

1. 先到位在大西洋的西非，向著加納里島（Kanarische Inseln）的方向前進；
2. 走西地中海路線（西班牙）；
3. 走中地中海路線（**義大利**和馬爾他）；
4. 走**南義大利**的阿普林（Apulien）和卡拉布林（Kalabrien）路線（義大利）；
5. 走東地中海路線（**希臘**）；
6. 走西巴爾幹路線（匈牙利）；
7. 走東路線（波蘭）。[5]

逃難的過程除餐風露宿之外，還要擔驚受怕，隨時面臨「死亡」的威脅。二〇一五年九月二日全球各大報紙刊登敘利亞三歲的難民男童伏屍土耳其海岸的照片，震撼國際社會。據二〇一七年九月三日的報導，已有超過十二萬人經地中海成功偷渡至歐洲，

---

5. 資料出自：Karl-Heinz, Meier-Braun: *Einwanderung und Asyl. Bundeszentrale für politische Bildung*, Verlag. C. H. Beck, München 2015, S. 75.

難民逃亡路線圖

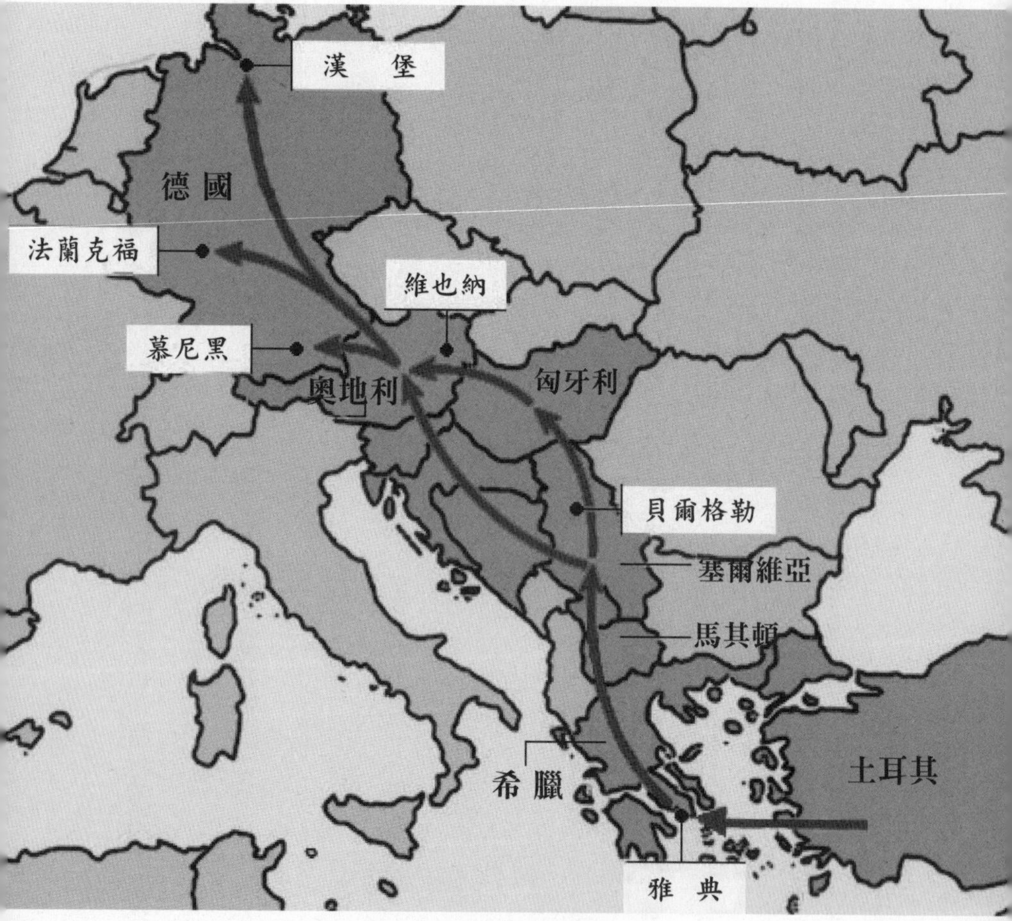

其中有百分之八十二是由利比亞到義大利，包括逾九成沒有家人陪同的一萬三千七百名孩童。（見《自由時報》二〇一七年九月三日報導）

為何難民都要逃亡至德國

歐洲的難民如果要和遍及全球的難民人數來比較的話，是少了一些，但是因政治因素而逃難的人，尋求歐盟國家保護則有成長的趨勢。二〇一四年有六十二萬六千人向歐盟成員國申請避難（其中有五十三萬六千人是第一次申請），與二〇一三年比較上升了百分之四十四（十九萬一千人）。原因是二〇一四年急劇上升的逃難者，他們坐著小船越過地中海（Mittelmeer），在通常情況下都是先抵達義大利的海岸。二〇一四年估計這些抵達海岸的人有二十一萬八千人。在歐盟尋求避難的人分布得很不均勻，在二〇一四年，五個歐盟國家合起來總共接受了提出避難申請者中超過百分之七十以上的人，分別為：德國（二十萬二千七百人，占百分之三十二）、瑞典（八萬一千二百人，占百分之十三、義大利（六萬四千六百人，占百分之十）、法國（六萬二千八百人，占百分之十）和匈牙利（四萬二千八百人，占百分之七），亦即每三個避難申請者中就有一人是向德國提出的。[6] 這裡就要探討為什麼德國成為難民落腳地的首選。

德國雖然遲至一八七一年才完成統一，但它來勢洶洶，不僅國富民強，且有能力發動兩次世界大戰；在兩次皆敗北之後，卻如出一轍地於短暫的時間內，猶如古埃及神話中的不死鳥，在灰燼中再生。於一九九〇年，分裂長達四十五年的德國以不到一年的時間，和平地再成為統一的國家。統一後，國勢更強大，目前領導歐盟，舉足輕重、睥睨世界，成為難民最想移居的國家。

那麼德國有那些優點，吸引難民不遠千里前來投靠？我們簡單分析如下：

（一）德國是個**法治**的國家，實行**民主制度**。德國憲法名為「基本法」，對於政府的組織、職權及其之間的相互關係，皆有明文規定。對於聯邦政府與各邦間之權限也做了明確的規定。屬於邦與聯邦政府共管之事物有：公共福利、**難民**、司法、教育、經濟、勞工、農、畜牧、內河、海洋航運等。

（二）德國對於**人權**的保障不遺餘力，在德國還處於分裂之時，一九四九年發生在前東德時期的「福拉德（Hermann Josepf Flade，一九三二—一九八〇）事件」[7] 最為膾炙人口。

（三）德國的**經濟狀況隱定**，著名的品牌如西門子（Siemens）、賓士汽車

（Benz）、福斯汽車（Volkswagen）或漢薩航空（Lufthansa，台灣譯名為德航）等，在國際上享有盛譽，猶如其品質保證「德國製」（Made in Germany）長久以來為大家所認同。德國屬於極高度發展和最有實力的工業國家，僅次於美國、日本和中國，是世界排名第四大的國民經濟體，擁有八千二百萬人口的德國在歐盟（EU）是最大及最重要的市場。

（四）德國的**社會具現代、多元及開放性**。兩性在婚姻、家庭及職業的角色也與時俱進，隨著時代潮流的演進已有些改變，男女平等的觀念大為落實，女性在教育及職場已經和男性一樣平起平坐。在早期的客籍工人（指來自土耳其及巴爾幹半島等國家的工人）、移民者及原德籍人（指兩德一九九〇年統一後的東德人）的遷居和整合歷經漫長的二十七年磨合，其隔閡已漸消失了，雖然東德佬（Ossi）和西德佬（Wessi）這兩個互貶對方的詞彙還時有所聞，但目前據說由於「難民問題」的困擾，這兩個用

6. Katrin Hirseland: Flucht und Asyl: Aktuelle Zahlen und Entwicklungen. Aus Politik und Zeitgeschichte. 65. Jahrgang. 25/2015.15. Juni 2015. Hg. Bundeszentrale für Politische Bildung. Bonn. S. 19.

7. 「福拉德事件」見：賴麗琇著《這就是德國——柏林圍牆倒塌後的富國之路》，臺灣商務印書館出版，台北，二〇一五年十月，頁一一七—一二二。

詞比較少聽到了。

（五）最為人稱道的**社會福利保險制度**，如疾病、意外、失業、護理、養老保險和社會救濟金仍維持原樣。統一之後的二十七年，前東德的衛生保健已經改善了，並且薪水和就業市場已快接近到與德西相稱的水準。

肆──德國如何處理難民問題

德國的難民政策

當一九九〇至一九九五年巴爾幹半島發生危機時，有成千上萬的人逃亡德國和奧地利，但是很多人在危機解除之後，又返回他們的家鄉了。就像今天一樣，德國在一九九〇年時，也沒有足夠的住宿處能夠一下子容納那麼多的難民（指前東德的人大量西移），況且處理難民的避難申請，也需要很長的一段時間；而民眾對難民的消息也不靈通，還有新納粹主義高聲呼喊敵視外國人的口號，到處縱火，比如一九九一年九月十七日和二十三日，激進的右翼年輕人攻擊在薩克森邦（Sachsen）霍伊亞斯維達（Hoyerswerda）的外國人住處。一九九二年十一月在德西的莫倫（Mölln）及一九九三年五月在索林根（Solingen）發生的縱火事件，有十個土耳其人，其中有五名小孩葬身火窟，而警察對這些事件卻束手無策。這幾起憎恨外國人的暴力事件，曾激起了廣大民眾的憤怒。新聞媒體及公眾輿論因關注此問題，紛紛作專題節目，探討仇視外國人的心理問題，才使這種以暴力襲擊外國人的事件慢慢的減少。

難民的申請案件從一九九五年的一六六，九五一件降低到二〇〇八年的四二，九〇八件，甚至在二〇〇八年只有二八，〇一八件；之後，數字又微幅地上升，在二〇一三年有一二七，〇二三個申請案件，這個小小的逃亡和移居的數字，對德國而言，不會被當成具有意義的議題，而排到政治議程表上去討論，雖然卡利塔斯（Caritas）[1]、迪阿寇尼（Diakonie）[2]和其他一些人或組織團體，老早就出面干涉並且提出警告。「逃亡」或「移居」也不會被媒體當做有吸引力的題目來報導，而民眾也沒有意識到這件事的發展，二〇一四年急劇上升的難民數字，使這個問題突然變得非常緊迫。

根據聯邦移民局的統計，在二〇一五年三月，有六百九十個來自波斯尼亞—黑塞哥維那（Bosnien-Herzegowina）的人申請避難，他們之中有四百零七人是羅瑪人（Roma，少數民族）；來自塞爾維亞（Serbien）的難民申請案有二千八百三十三件，其中有二千五百二十五件是羅瑪人；來自馬其頓（Mazedoniern）一千一百八十六件申請案中，有六百四十四件是羅瑪人。這些來源國被評定為「安全」的等級，因為這個緣故，有百分之九十的避難申請案會被打回票。

這些人之所以申請避難，僅僅是因為他們貧窮。在波斯尼亞－黑塞哥維那有百分之六十的年輕人失業；Sinti（辛第）人和羅瑪人在這些國家裡是少數民族，特別受到歧視。政府不但沒有替他們規劃新的住宅區，還將他們的居住處搶走；大多數的羅瑪人找不到工作，人們沒有健康保險，甚至連父母親也沒有辦法送小孩子上學。在巴爾幹地區這個種族可說是被遺棄的一群人，祖父母和父母親皆受人鄙視，連帶他們的小孩也受到同樣待遇。而能夠離開的一群人，嘗試並希望能在任何一個地方找到工作。他們來到德國，為了在此重建他們的立足點，並開始新生活。

在他們的歷史裡，他們必須一直對抗被壓迫。與此事牽涉在一起的家庭群組和傳

1. 卡利塔斯（音譯）原意是源自基督對窮人的愛，為他們擔心，並且積極地照料他們。天主教會有組織的，並且從事社會服務的團體，比如現在稱為「德國卡利塔斯協會」（Deutscher Caritasverband）的機構。
2. 迪阿寇（Diakon）源自希臘文，原意為「僕人」。在古基督教會裡，是大主教在做禮拜時和照顧窮人的助手。一九四五年於西德成立的「德國基督教會救濟機構」，在社會政策裡被聯邦勞工團體視為頂尖團體，不受限制地參與救濟工作。

來自安全國家的人

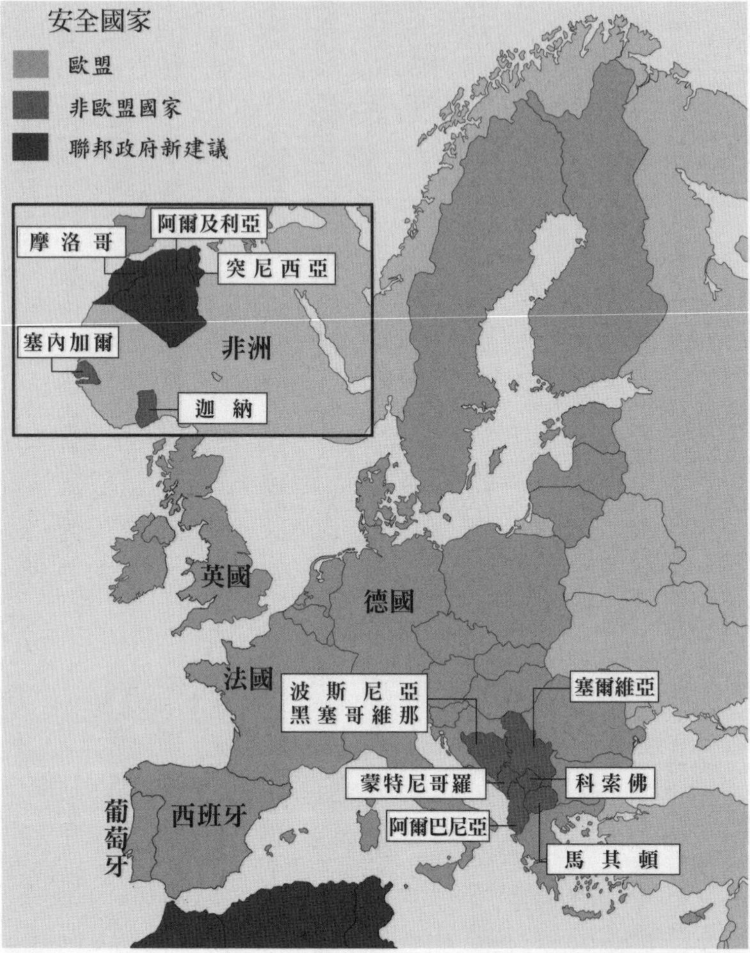

在既沒有政治迫害、也沒有不人道的國家，就可以依法律被列為安全的來源國。如果申請者（沒有）或不能夠提出特別的狀況（處境）的話，來自這些國家的人，想要以難民身分申請進入德國，原則上將會被拒絕。（資料來源：德國聯邦司法部）

統對他們而言就非常重要。因此他們以家庭氏族的方式來到德國，並且住在杜伊斯堡（Duisburg）或多特蒙德（Dortmund）的飛地。[3] 他們又把親戚和熟人陸陸續續地接過來，因此帶來了所有的問題，並改變了整個城區；比如人們將杜伊斯堡、葛爾森基新（Gelsenkirchen）和多特蒙德這三個城市稱為「特別需要革新」的城區。他們生活在德國的一種雙軌道社會裡。這些人被當成歐盟的公民，雖然可以旅行，但是他們的避難申請常常被拒絕。因為他們不是難民，所以也不能引用「整合（一體化）準則」這條法規；小孩子們不能上學，他們也很難找到工作。而如果有機會的話，大多數是做按日計酬的臨時工，拿到法律規定的八歐元五十歐分的工資。他們只能季節性的工作，在建築工地、在農業或在屠宰工廠裡工作。德國政府雖然知道這件事，然而在這方面卻依舊沒什麼改變。

過去幾年的「遷移問題」並沒有導致必要的政治發展方向。現在必須把這件事情從各方面銜接上來，因為對此問題擴大的警告已不絕於耳。大部分的難民並不是因為被追捕或受壓迫的原因才來到德國的，純粹只是想要在德國重新有個前途，並過好生活。由

3. 飛地係指本國境內的外國人領土。

於很多地方有內戰的難民逃到這裡，才使這問題尖銳化。這兩條主軸導致這個大衝擊。

現在再來悲嘆，要是可以早一點使自己做好思想準備工作也無濟於事。政治方面還一直嘗試著在短期內能夠控制住這個問題並找出解決的方法。這是需要時間的，一如在「聯邦移居部門」處理避難申請案件的官員所看到的，難民如潮水般地擁入，但是這裡卻缺少工作的人手。

政治方面有一些挑戰。安置、照顧、審核認可學歷和在勞工市場的整合只是一小部分工作。最原則性的，德國人也很明白，是要能夠回答下列問題：一、我們要如何和這麼多來到德國的移居者打交道？二、我們要以何種態度面對這些人？他們有機會在這裡立足嗎？這些難民有機會在德國重新出發嗎？是否應該制定一個新的難民和政治避難法規，還有一個和此相關聯的變通策略應該如何制定？

雖然一直有更多的政治家要求制定一個「由國外移入法規」，但是在短期內解決不了問題，是否也得有一個十全十美的「難民政策」，目前也無解。但是至少必須知道在安置難民時，在德國有多少失業比例和房租價格多少。

提供難民各方面的援助之政策令人印象深刻，並且也慢慢地改變一種想法。二〇一五年九月，第二次的難民潮達於顛峰時，由於敘利亞三歲小難民艾倫浮屍海灘的照片激起人們的同情，德國決定快速處理難民的避難法條，讓它表決通過，並在二〇一五年十一月生效。經由這些過程，此法條在難民和避難政治中豎立起新的里程碑，並且有了明確的立場，。所以簡化了一些申請避難被拒絕者的遣返程序法。

那些被准許留在德國的人，應該更容易地被整合起來。現在從政治方面非常明顯地區分兩種類型的人，即一是受政治迫害者，另一是由於經濟因素而離開自己的出生國。安全的來源國名單加上了阿爾巴尼亞（Albanien）、蒙特尼哥羅（Montenegro）和科索佛（Kosovo）。來自這些國家的人其避難申請書將被拒收。因此避難法條程序的政治策略將被減化，並解除官署的負擔。由此開始可快一點地做出被拒絕的決定，尤其來自這些國家的避難申請者可以在第一個被接受的機構裡停留到程序結束時為止。這個規定也適用於再入境的順序申請者。除此之外，來自安全國家的避難申請者將接到一份禁止工作的聲明書。避難申請如被拒絕（駁回）的話，可以使用「堅持」這一條款。這也即意味著，照官署的規定，貫徹實施驅逐出境。驅逐的最高期限目前從六個月減為三個月。這裡明顯地指出鑒於避難申請被拒絕時，會呈現一種明顯地尖銳化氛圍，因此這些邦在執行遣送出境時，也受聯邦警察的保護。人蛇集團如果被警察逮到的話，他們至少會被判三個月的有期徒刑。

避難申請者在第一個被接受的停留處，將來無法領到現金，只能領到實物償付。那些避難申請被打回票的人，只能領到「絕對必要的急需用品」。有意願要留在德國的人，應該比以前更積極地與德國社會整合。德國會提供給避難申請者和有耐性的人之整合（指融入德國社會）課程，並且會看是否有需要，再擴充其他的課程。針對此必要性，應該把語言課程和整合課程以網路銜接起來。

這項整合計畫的構想也預先擬定各邦的醫療機構獨立運作，是否難民必須在社會局登記疾病診療或者是否他們應該擁有一張「健保卡」。將來各邦應該能夠盡到法定的醫療保險責任，進行疾病治療——當然應該事先墊給費用。這樣做是想要解除官僚制度，然而這是否能夠成功，還頗值得懷疑。

被認定有可能來自西巴爾幹半島的難民比率幾乎已達百分之百；因此在接待工作上減輕了許多困難。如果有人能夠證明有工作或有一個可供其教育深造的地點就准予入境：「重要的是這份具體的工作是一條通向留在德國的先決條件。」

在二〇一五年九月的難民數字達於顛峰時，聯邦政府和各邦（有十六個邦）達成一致的協議，由聯邦政府負擔大部分的費用。二〇一五年聯邦政府給各邦共二十億歐元，這減輕了各邦的負擔。二〇一六年，每個月給每一個避難申請者六百七十歐元，這金額是從難民登記時起，直到獲得可否居留的這一段時間為止的生活補助。聯邦政府總共給了無人陪伴的未成年人三千五百萬歐元。

各邦和自治團體大約共拿到三十五億歐元。聯邦政府同樣也支持自願來幫助的人，一共提供了十萬個工作給自願服務者。但因聯邦政府不能夠很正確地預估，這種措施是否行得通，還無從得知？是以這件事只能等到以後再做評估了。

對於「庇護申請者救助法」（AsylbLG）慷慨地發給難民實物與現金，曾引起激烈的批評，即聯邦政府給予這種維持最低生存條件的救助（金額），會成為更吸引難民前來德國的誘因，應該調降救助額。對此，德國聯邦憲法法院曾根據二〇一二年的判決條款（BVerfGE 132, 134ff.）指出：「所謂保障符合人性尊嚴的最低生存條件，不僅是指活著而已，也包括維護人際之間的互動，以及參與並融入社會、文化與政治生活的可能性，而此一保障不得因國籍不同而有區別。因此，立法者不得概括地以居留目的不同為由，在救助上給予差別待遇。也即是說，德國聯邦憲法法院認為，給予庇護申請者的救助仍然需要符合人性尊嚴的最低標，不得明顯低於社會救助所給予的給付，因為該給付一般被認為是對行政的沉重負擔，並且在等候期間對申請者的救助無疑也是一筆可觀的支出。」

政治的處理信息如下：凡是避難申請被駁回的人，他就必須及時地離開德國，必要的話，還會把聯邦警察也叫過來處理。這特別是針對巴爾幹國家的人民，如果他／她能夠證明在德國有一個工作的話，那又是另一種情況了。然而只有極少數的巴爾幹人能夠找到這種按工資、按稅率支付薪水的工作。被承認而且又有耐性的人可獲得支援，並准予參與多項「整合的課程」。[4] 由於約有百分之九十的巴爾幹難民大多會對「遣返」判決提出「救濟」抗告，即便最後勝訴的可能性不高，但為了能延長停留在德國的時間，他們仍會試著再申請，「遣返程序」也就因此而延宕。根據二〇一五年一至七月份為止的統計，在為數高達十八萬五千人依法必須離境者中，約有十三萬四千人用各式各樣的理由抗告，致使遣返程序被迫暫緩或取消。所謂盡速遣返不符庇護資格者，依舊是難以實現的政治口號。

由於各邦和自治團體，雖然對於他們從聯邦政府那裡獲得超過百萬追加的費用高興不已，然而對於這種措施卻也著文提出批評：「德國卡利塔斯協會對於聯邦政府的法條草案的看法。」一些福利團體已經常常提出如此的批評：國會的處理程序都是短時間內形成的，並且不許他們有這種可能性，在準備階段掌握獲得各種表態。這當然很遺憾，尤其當很多團體在難民工作和難民救濟承擔援助者的一個角色時。

很多法律的組成部分基本上是被接受的，當然也有許多的批評，比如在建議方面，根據難民申請績效法則，針對一些特定的人減少其救濟金。此外，這反駁了二〇一二年七月聯邦憲法法庭的一項決議，在那決議裡，係確定人權在一種存在的最小值是從逗留情況獨立出來的。這裡將以兩種標準來衡量。在見解方面，法律草案獲得肯定，但是必須區別「避難」和「（從外地移入的）移民（即工作遷移）的性質」。德國的卡利塔斯協會（Caritasverband）列出他們的顧慮，即避難準則的法律處理水準可能因此降低，而對於要維護短期避難程序處理避難申請者的權利可能造成困難。法律條文形成一個假象，即法律制定者寧可讓許多有關係者不需要被保護，而優先保障確定程序。

很多「避難申請文件」在聯邦官署的審查處理簡直是一項大挑戰，儘管如此，仍然需要依照程序並且仔細一一檢查申請案件；因為申請案件是個別審理的，並不是每一個案件都被歸類在一起的，所以這讓人有足夠的時間把「避難程序」的建議納入計畫。還有根據估計也把阿爾巴尼亞、科索佛和蒙特尼哥羅評估為安全的來源國家，要被列為來自安全國家者，必須真的是在其國內沒有被追捕的一些特定人種族群才行。聯邦政府想

4. 意指如何融入德國社會的課程。

難民處理程序範例圖

背景：特里爾的培特里山（Trierer Petrisberg）的抵達（到達）中心之難民處理程序範例。

讓所有尋求避難的人在第一處（次）安頓場所待上六個月。這毫無疑問的將減輕地方自治區的負擔，但是實際上導致第一次安頓場所的負擔過重。來自安全的第三國家尋求避難的人必須一直留在公共機構裡，德國政府會給予薪水，如此，將來的個人用品（比如刮鬍水、牙刷等）將由其薪水扣除。儘管從薪水收入要扣去這麼高的費用，涉及此事者也可以自決其生活方式；經由此措施更加強了使尋求難民庇護者去適應這種措施，還有那些有想要留下來的人也贊同此種方式。這樣做肯定是正面的。針對德國就業市場的通道，來自阿爾巴尼亞、波斯尼亞─黑塞哥維那、科索佛等地的人也鬆了一口氣。這對在德國有關就業的需求，而需要擴大通道的市場也起了一定的作用。

在「健康」的成績方面，經由一個全邦統一的實施規則，已非常有利地改善。須知在法律上沒有一個可以全面適用的健康規則。各邦雖然可以引入一張健保卡，然而這並非說明這張卡能夠有如何的功效，那是因為這張卡隨時會被撤回、被宣告無效的，這方面還需要改善。

更顯著的是在法律上的效力，那個匆匆忙忙（馬馬虎虎）制定的，並且以一種破天荒的快速通過的法條，必須再重新檢驗。因此，現在已經很明顯了，因為無法在細節方面做評估，一些「程序」必須再加以改善。德國的「卡利塔斯協會」知道此事，因此提出建議，即一些規章在三年之後要再被檢驗，所盼望或所希望的影響如沒達到目標的話，這個法律應該重新被檢視並制定。

不只是聯邦女總理壓力很大，CDU黨也明顯地處於分裂狀態。自從九月（指二〇一五年）以來難民數目始終居高不下，增加了各黨的對抗，特別是CSU黨，[5]但同樣的CDU黨[6]也一樣唱反調。CSU黨要求收容難民要有個限度。目前CDU黨處於困境，CDU黨和女總理的民調一落千丈，在以後討論政治的會議裡，女總理也會被直率地批判一番。就在二〇一六年的德國嘉年華會，花車遊行隊伍出現了一幅諷刺梅克爾揹著十字架，上面寫著：人道的難民政治，與她意見相左的巴伐利亞邦（Bayern）的邦長澤霍費爾（Seehofer）則喊著「把她釘上十字架」。

針對持續居高不下的難民數字，大聯盟政府為了限制難民數目，下了一帖猛藥。將來應該有一個快速處理法則，即處理時間在三個星期內結案。來自安全國家的難民將來會被帶到「接收站」，它隸屬於邦裡的「義務工作處」，誰（指難民）如果違反了這義務工作，就不再給予救濟金。這法則同樣也針對一些已經將避難申請送出去而被拒絕的人。根據聯邦政府的計畫有三到五個這種接收站。這些避難申請被拒絕的人應該立刻被驅逐。同樣的，將設立一個統一的數據庫，讓各個國立的辦事處對於難民的狀況獲得一個更好、更快的概況。在給難民上的「整合課程」也更加嚴格了。能夠進入狀況的難民申請者，當他們有好的願景，則准許他們留在德國。

女總理估計得太高了，她直到目前避免提到難民數字的最高上限。同時這也可看出，德國在難民問題的政策是多麼地依賴歐洲政治。聯邦女總理看起來像是要把握時間，為的是能在歐洲獲得解決難民政策的方法。她是否能成功，沒有答案。還有她是否能夠禁得住自己的黨派裡的同志們的憤怒與不滿，也無從知道。如果這些難民潮繼續一直維持下去的話，情況將會很快地有所改變，甚至有可能導致她結束總理一職。[7]

5. 基督教社會聯盟（die Christlich-Soziale Union），簡稱 CSU。
6. 基督教民主聯盟（die Christlich-Demokratische Union），簡稱 CDU。
7. 二〇一六年三月十三日德國三大邦：巴登─烏騰貝、萊茵蘭─普法茲和薩克森─安哈特的邦議會選舉，梅克爾領導的 CDU 黨慘敗，重創她的難民政策，過去曾傳女總理將於二〇一六年十一月辭職，此謠傳不攻自破，目前仍是德國的總理。

對德國造成哪些衝擊

「難民問題」對歷經戰爭及動亂的德國人並不陌生。遠的不提，近的第二次世界大戰距今也已七十二年了，二戰前後出生的人對「戰亂」及「逃難」恐怕仍記憶猶新。戰敗的德國人對於當時戰後德國幾乎被摧毀至一無所有的景象，也許仍然深深地印記在腦海中。現今二十一世紀，歷史還是重複演出當年的一幕。這一次的舞台在阿拉伯半島，卻聚焦敘利亞。

由於一個起初沒沒無聞的組織「伊斯蘭國」（ISIS）要建國，但它以暴力及恐怖手段攻城略地，占據了橫跨敘利亞及伊拉克部分的領土，並於二〇一四年六月二十九日正式建立了「伊斯蘭國」。不願意在伊斯蘭國治下生活的人，成為難民，紛紛逃亡。

正當世人對這些難民寄以同情，卻有點愛莫能助時，這些難民大舉逃向歐洲（目前還是進行式），尤其是不惜千里跋涉，遠赴他們心目中的人間天堂——德國（見參難民逃往德國之因）。這對德國形成莫大的壓力，在政治、經濟、社會、文化、風俗與生活習慣等都造成困擾。因此，傳出不少負面的事件，但也有理性（樂觀）的德國人給予一些正面的評價。本節從四個面向探討此事對德國的影響。

一、政治方面

德國為歐洲聯盟的一員，其龍頭老大的地位在英國於二〇一六年六月二十三日的「留在歐盟」或「脫離歐盟」的公民投票後，英國人民選擇了「離開歐盟」，這樣又使德國的難民政策動見觀瞻更受矚目。

目前全球對於尚是現在進行式的「難民問題」意見分歧，似乎是提不出一個終極有效的解決辦法來。源源不絕的難民還是猶如一波波的潮水湧入歐洲，難民問題加深了歐盟的負擔。穆斯林（即信仰回教者）人口占多數的土耳其是自二〇一五年起，超過一百萬橫越愛琴海（Ägäis）來到希臘（Griechenland）島嶼的難民遠征起點，當地目前收容有兩百七十萬名來自敘利亞的難民，人數之多，居各國之冠。歐盟在二〇一六年三月七日與土耳其就歐洲難民問題達成廣泛協議，土耳其同意接回大批湧入歐洲的中東難民，但開出了三個條件，一是歐盟在二〇一六年六月以前，額外提供土耳其卅億歐元（近台幣一千一百億元）的援助，二是歐盟同意提前到二〇一六年六月讓土耳其納入申根公約的免簽範圍（即土國人前往歐盟國家免簽證待遇），三是歐盟要加速土耳其的歐盟入會審核（按土耳其現在仍然不是歐盟的會員國）。[8]

對於難民湧入德國，民眾觀感的指標，即是對德國總理梅克爾的「難民政策」之評價，由二〇一六年三月十三日德國西南部的萊茵蘭—普法茲邦（Rheinland-Pfalz）、巴登—烏騰貝邦（Baden-Württemberg）和東北部的薩克森—安哈特邦（Sachsen-Anhalt）同時舉行邦議會選舉可看出端倪。這次選舉，議題聚焦德國總理梅克爾的「難民政策」，反對接納難民的右翼「另類選擇黨」（Alternative für Deutschland，簡稱 AfD）[9]聲勢浩大，一般認為，梅克爾領導的執政聯盟將再次遭受重創。根據選前最後民調，德國傳統聯盟的兩大黨基民盟（CDU/CSU）和社民黨（SPD）的選票都在流失，許多選民轉向 AfD。

選舉結果果然不出所料，另類選擇黨以**反移民**為號召，主打「捍衛邊界」、「停止收容所混亂」等口號為主軸，迄今德國十六個邦已有五個邦議會出現另類選擇黨的席次。民調顯示，在基督教民主黨（CDU）與社會民主黨（SPD）聯合執政，等於聯邦政府縮影的薩克森—安哈特邦，另類選擇黨支持度高達百分之十九。正如英國廣播公司（BBC）分析指出，AfD 將成為這次選舉的贏家（而事實也如 BBC 所料），因為梅克爾的「開放門戶」（指無限制收容難民）政策，人民對之已失去耐心。

二〇一七年的聯邦議會選舉，甫在九月二十四日落幕，選舉的結果令人耳目一新，但卻不感意外。德國目前最年輕的極右派民族主義政黨──「德國另類選擇黨（AfD）」是大贏家，成為德國二次世界大戰後，第一個進軍國會殿堂的新政黨。

由於 AfD 標榜一切以德國為優先的愛國主義，成員有仇外思想、反歐盟、反移民、也反「伊斯蘭」，但親俄羅斯；進而對德國歷史採取修正主義立場，行徑如希特勒，並未揚棄「反猶太思想」。進入國會後，其強勢的問政態度，震憾德國政壇、乃至歐盟，並使歐洲的政治版圖造成大衝擊。

目前「德國另類選擇黨」鬧內鬥，有黨員公開呼籲，德國人不應該再因為背負納粹的歷史受到譴責，反而應該為二戰的德軍感到驕傲；由於黨員內鬥檯面化，其他政黨均不願意與 AfD 合作。更讓 AfD 極力排斥目前的政府大量收容難民，並且公開今後將站在反對黨的立場，嚴厲監督梅克爾政府，調查梅克爾接受難民是否違憲，也將透過國會演說，呼籲人民關注政府的「難民政策」之財政負擔是否太重、正視加入歐盟

8. 見二〇一六年三月九日《自由時報》：A 13 國際新聞的標題「土耳其開 3 條件 願接納難民」。

9. 筆者於二〇一六年一月赴德收集難民資料時，方得知有一個約在二〇一四年底新成立的 AfD 黨，當知道後面那兩個 fD 的縮寫是指「為德國好」的意思時，筆者睜大眼睛，德國友人忙揮手解釋「那和希特勒沒有關係」，因為希特勒的口頭禪就是「為德國好」。

和實施歐元的缺點。

至於影響選舉關鍵的「難民問題」，聯合的執政黨在勝選後，展開密商，在十小時的閉門討論後，雙方同意把每年入境德國的難民人數，控制在二十萬人左右。

今年（指二〇一七年）的聯邦議會大選，從一九四九年以來，執政頗久的傳統政黨基民盟（CDU, die Chistlich-Demokratische Union）、基社盟（CSU, die Christlich-Soziale Union）、社會民主黨（SPD, die Sozialdemokratische Partei Deutschlands）和自由民主黨（die Freie Demokratische Partei（FDP）都是輸家，但目前所有政黨都表示，不會跟極右派的 AfD 結盟。

二〇一六年及今年的聯邦議院選舉，梅克爾領導的基民盟／基社盟雖勝選，但成績並不怎麼亮麗。此時在這種情況下，梅克爾對難民問題的處理，也見風轉舵，她表示，無條件向難民敞開大門是錯誤的。二〇一五年夏天，大量偷渡到歐洲的難民，有些國家，比如希臘、義大利拒絕接納難民，而梅克爾選擇接納，這不僅出於人道主義的考量，更重要的一點是因德國的人口結構改變，亮起了晚婚、不孕的紅燈，如果能夠培訓這批難民，則可補充德國的勞動力並增加納稅人口。

回顧「難民潮」剛開始時，德國民眾無不熱烈地響應號召，自動自發前往火車站迎接難民送水、送衣服，申請成為義工，教導難民生活技能和學習德語，以便於難民提早融入德國社會。德國在一年內便接納了一百萬難民，但接著陸陸續續地傳出負面消息。跨年夜的集體性侵事件，在巴伐利亞邦的火車傷人事件，特里爾市立游泳池的性騷擾事件，音樂演奏會的炸彈事件，趁超級市場即將關門的前幾分鐘蜂擁入內、搶劫食品等不勝枚舉的脫序行為，遂讓德國民眾憂心忡忡、擔驚受怕，而導致對梅克爾的不信任，所以反難民的「德國另類選擇黨」即是在這種背景下順勢成立，且漸漸地獲得民眾的認同，成立不久，即順利進入國會。

梅克爾已嚐到無限制地廣收難民的苦果。她曾在今年（二〇一七年）的二月會晤全國十六個邦的邦領導人，告知她的決策，在未來幾個月「遣返」將是她的「難民政策」主軸，政府會撥出九千萬歐元，用來處理本年度的「難民融入計畫」及「難民遣返計畫」。

二、經濟方面

德國當初設想引進難民後，可彌補低迷的人口成長率，通過國內各行業的培訓，讓這些難民能夠快速融入社會各階層並找到工作，能為德國的經濟發展提出貢獻。這個構想用意良好，方向正確，但是現在的形勢和過去不能相提並論（指二戰剛結束後，大量引進外籍工人重建德國）。因為相較於過去幾十年的德國與歐洲，其經濟成長較為快速，引進的勞動力能夠快速地消化，所以經濟進步較快，失業率也比較低，族群矛盾並不明顯。但是目前的狀況是經濟成長緩慢，族群矛盾擴大了，如果此時大規模地引進移民（或外勞），肯定會引起國內強烈的反彈與抵制。

看來要讓這些難民全部融入德國社會，提供其勞動力，促進經濟發展是非常困難的。德國過去（比如二戰後）所引進的移民國客籍工人，即在「年齡」、「受教育程度」及「勞動技能」都有一定的標準。但現在難民的素質參差不齊，其中有很多人很難轉化成為德國經濟發展所需的勞動力。

另外，德國的經濟是否受難民擁入而起了大波動，可觀察德國的失業率狀況。目前失業率還是比較低，只有百分之〇．一，可說與過去十年一樣，也就是說大量難民擁入，並沒有對德國的失業造成影響。另從從德國股市來看，也可略知一二；二〇一六年德國股市是上漲的，可以看出經濟並沒有受到難民潮的影響產生波動，所以德國在歐洲發展中是比較隱固的國家。再從二〇一五年就業狀況來看，儘管國際大環境並不是最有利（指石油價格波動幅度大），但依據德國聯邦勞動局的統計，該年全國失業人口僅二百八十萬，是二十四年來最低的。德國從二〇一五年開始，全面實施最低工資，低收入人口的收入情況明顯改善，而且德國物價上漲幅度還遠遠不及工資漲幅；同時由於銀行低利率，再加上最近油價下跌，因此促使民間消費大幅提高。此時，難民大量擁入也帶來內需，從而刺激德國的經濟發展，很多積極的大、中型企業正急需各行業的專家、技術人員和自然科學研究者，比如醫療領域就有大量的空缺職位。

出口為德國的經濟命脈，出口金額全球排名第三。適逢英國脫歐，原本預期將會強烈地衝擊經濟，但因民間大量的消費，帶動景氣循環，反而並未受到嚴重的波動。根據德國聯邦統計局（DESTATIS）在二〇一六年十一月修正的數據，二〇一五年出口額達到九百六十四億歐元，進口額增加達到七百六十九億歐元。在雙邊貿易部分，美國為德國最重要的出口市場，占總出口的百分之八．六，金額高達一千兩百一十億美元，荷蘭則是德國重要的進口來源。根據德國聯邦統計局的資料顯示，最受國外市場青睞的出口產品分別為汽車及零件配件、機器設備及化學產品。[10]

10. 本資料來源取自台北德國經濟辦事處提供的二〇一六年十一月德國聯邦統計局最後修正之文章。

三、社會方面

約在二〇一五年左右，難民問題風起雲湧時，很多人從戰亂（動亂）地區，比如敘利亞伊拉克，逃到他們心中認為的人間樂土的德國，是因為德國除了繁榮的經濟，也與難民受到的人道待遇，和留下來比較容易有關。但難民源源不絕的湧入，蜂擁而至的難民潮，也刺激歐洲潛伏已久的排外勢力。在去年夏天七、八月，德國每隔幾天就有難民收容中心和難民住宅遭受攻擊和縱火。尤其住在鄉下的民眾，對信仰伊斯蘭教的中東難民備感陌生和恐懼，排外氣氛特別強烈，連署抗議政府在其住家附近設置難民收容所。有些極端者甚至對難民住宅一再縱火。但也有愈來愈多民眾對自己同胞惡劣的行為感到羞愧，期盼政府以實際行動幫助難民。在梅克爾宣布德國願意接納難民後的第三天，很多民眾決定當義工，以實際行動幫助難民。

難民擁入德國一直是現在進行式，民眾反應成兩極化，贊成者認為收容難民對德國的社會有好處，尤其是在「人口」這方面絕對是利多。德國的社會是現代、多元及開放性，在兩性角色：婚姻、家庭、職業的觀念與看法皆不同往昔，已然大大地改觀。[11]由於長久以來，因為低出生率和同步提高的平均壽命，使德國的人口老化現象相當嚴重，這批適時湧進來的難民，可填補這一缺口。

目前德國社會是一個相當典型的工業社會，其結構隨著十九世紀的工業化即陷入劇烈地變動之中，從事獨資業者日益減少，而擔任公務員、私人機構的職員，尤其是勞工的數目日益增加，此一趨勢在現今仍持續不斷。

從兩年前難民大量擁入德國，使其負擔更重，加上國內還有些特殊的「少數分子」，計有：無法供養自己的人、寡婦、未婚媽媽、長期失業者、老人、精神或身體殘障者、受刑期滿出獄者、一些居無定所者，再加上從敘利亞動亂地區逃入德國的難民。這些人帶來了失業問題、社會結構差異、安全及穩定問題。

德國目前除了社會保障及社會福利法之外，特別為難民設立了救助法律、難民銀行，以及給予難民職業訓練等方法來解決這些問題，期望讓被接受的難民能夠及早融入德國社會。

從敘利亞大批進來的難民，加重了德國人的負擔，他們從一開始雖然熱情地接納難民，認為有了這些生力軍，可幫助補上德國所欠缺的勞力。然而從二〇一四年起近

11. 見賴麗琇著：《這就是德國──柏林圍牆倒塌後的富國之路》，臺灣商務印書館，二〇一五年十月，頁二三八─二四三。

兩年多的觀察，事實上困難重重，由於觀念、風俗及生活習慣造成了很多困擾與社會問題。

梅克爾大量接收難民，飽受各方批評，但今年的國會選舉，她領導的基民盟（CDU）及其姊妹黨基社盟（CSU）仍然勝選，梅克爾表示，有信心建立一個穩定的政府。

四、文化方面

逃到德國最多的難民是來自敘利亞。它有百分之八十七・四的人民信仰伊斯蘭教（即回教）。他們將其家鄉的宗教習俗帶到德國來；在德國這個自由、民主的國家，只要不侵犯別人的權限，一切都是可以容忍的。目前在德國有希臘正教的教堂，也有伊斯蘭教的清真寺。

伊斯蘭教的《可蘭經》（*Koran*）是將穆罕默德（Abul Kasim Muhammad Ibn Abd Allah, 570–632）自神領受而來的曉諭，用阿拉伯語記錄下來的書籍。穆罕默德所傳播的回教一反多神教原有的偶像崇拜習俗，在當地傳播平等思想與「一神論」，遭受麥加（Mekka）富商們的迫害，於是他率領信徒前往麥地那（Medina，先知的城市之意），展開伊斯蘭教的傳教活動。後來信徒們將穆罕默德唸誦出的神之曉諭整理成冊，這就是《可蘭經》的由來。全球的伊斯蘭教徒人數超過十五億，將近全球人口的四分之一。伊斯蘭教主張「真神面前，人人平等」，但諷刺的是當時他們有蓄奴習慣，奴隸受到非人的待遇。每當他們發動戰爭，擴大版圖，奴隸就會越來越多；對男人，他們一律殺無赦，女人和小孩則是抓來當奴隸。

許多伊斯蘭教徒即使移居他國，仍保有自己的信仰，他們會盡量在生活上遵守伊斯蘭教的戒律。雖然在德國任何地方皆可看見伊斯蘭女性穿著蓋住手、腳、身體，名為尼卡布（Niqab）的黑色長袍，頭上再加黑色的頭罩與面紗，臉部只露出眼睛，即使在大白天、光天化日之下突然看見，由於不習慣此種裝扮，許多德國人不能適應此種衣著，冷不防也會被嚇一跳。

難民問題有無解答？

二〇一一年三月十六日敘利亞爆發內戰，迄今已滿六週年。大批的難民擁向歐洲。而歐盟國家在難民危機問題上意見分歧，有關各個歐盟國家在共同分配難民人數及均攤財務支援方面，更是無法達成共識。西方國家對敘利亞內戰其實應該負最大的責任，因為西方國家直到目前為止還將武器出口到有戰爭的地區，賺取大量的金錢。

二〇一五年六月二十日的「難民日」（Flüchtlingstag）在科隆（Köln）的大教堂敲響了二萬三千響鐘聲以紀念二萬三千名喪生在地中海的難民。在地中海的難民悲劇使歐盟的壓力大大地增加。尤其是在九月時，一位敘利亞三歲小難民艾倫浮屍海灘的照片震撼了全世界，促使歐盟領導人加快處理接納難民方案，但各領導人莫衷一是的意見，使得義大利譴責歐盟的無能，它還要求歐盟投下更多的財力幫助難民。[12]

歐盟的海難救助工作「得意方案」（Mare Nostrum）被經費窘迫的「特里通」（Triton）計畫[13]取代，這是一個明顯的政治訊號。歐盟基於公開的被施壓，而提高了更多的金錢支援，故二〇一五和二〇一六年已經增加三倍的金錢支援。「得意方案」的任務是有目的要救人，然而一些歐盟國家的領袖卻不願再提及此事。相對的，「特里通」有保護邊界的任務。這指出，在歐洲政治的角力裡，力量關係是如何地被分配，並且「政治」是明顯地被封閉了。當這些國家元首無法達成意見一致時，英國表明了願意提供船隻拯救人命，並把人送往義大利去。但英國自己是不願意接納難民的。[14]

人蛇集團將繼續做生意，還是會提供不適用的爛船隻，走經過地中海特別危險的旅程，將人送到歐洲去。歐盟的構想是在非洲海岸前就要將這些船隻摧毀以阻止難民逃亡，但此方式卻被批得滿頭包。雖然有要保護難民的人道目的，然而是否這樣做就能夠阻止走私者的生意模式出現？連專家都很懷疑。但還是一直有足夠的用廢鐵製造的船隻，由人口販子把滿滿的難民塞進去，即使上百艘這種小船被摧毀，還是不會改變這種悲慘的狀況，逃亡的原因也不會以這種方式被消除掉。有這麼多的難民會選擇這條危險的海路逃亡，是有它的原因的，原因如下：二〇〇一年歐盟訂立的政策一定要阻擋非法的逃難者到歐洲去。接受沒有護照的人搭飛機，必須付出昂貴的罰款。歐盟會區別受政治迫害的難民和那些由於經濟的因素而離開他們國家的人。最後，人們必須預估到，非法的由國外移入者走海路有可能會滅頂的風險。

12. 瑞士一個富甲一方的奧伯維爾─萊里村（Oberwil-Leili），居民雖然只有二千二百人，卻有三百名百萬富豪。村民最近發起公投，寧可付給政府二十萬英鎊（約九百七十四萬台幣）罰款，也不願分攤收容十位難民，引發各界議論。見二〇一六年五月三十日《自由時報》。

13. 見〈貳──遍及全球的難民問題〉，頁八一。

14. 英國當時還是歐盟的一員，但在二〇一六年六月二十三日，全英國公投通過「脫離歐盟」。目前歐盟有二十七個國家。

針對歐盟的批評係聚焦在如何將抵達的難民平均分配到每一個國家去，而在此問題上也沒能獲得共識。現在二十八個歐盟的加盟國要正視這個問題了。分配的準則取決於經濟實力、人口密度和失業比率。直到目前還是無法達到一致的協議。特別是英國、愛爾蘭和丹麥以其國家的「特殊法」為由而不願意參加此項措施。

分配規則是一件好事，並且將兼顧公平的分配原則。大多數的難民抵達義大利，很多人也嘗試在希臘碰運氣，為的是能夠經由陸路抵達德國。在義大利的臨時收容所大爆滿，緊急避難所也不夠用。所以在此期間將難民們安置在空蕩蕩的飯店裡。你可以想像：當你閒逛穿過人行道，並且看見難民躺在展示櫥窗裡的怪現象。

法國的行為也遭受到批評，義大利指控，法國把和義大利的疆界封死，這違反了申根協定（das Schengen-Abkommen）。那時二十八個歐盟國家（彼時英國尚未脫歐）約定要為分攤安置難民事宜制定規則，然而也力不從心。所以義大利就不再登記所有的難民，並且像希臘一樣引用都柏林條款，即難民申請者第一個踏上的國家，就要處理避難申請案件。大部分的難民就進到了歐洲的蘭佩杜薩、西西里（Sizilien），進入卡拉布林或是阿普林（見〈參，逃亡路線，頁一〇九、一一三〉）。

根據德國《南德日報》（*Süddeutsche Zeitung*）[15]二〇一五年六月的報導，據說有七萬六千件避難申請尚未處理。這個數目乍看之下很高，然而和黎巴嫩（der Libanon）比較之後才知實在太少了，黎巴嫩在過去的三年已經接收了超過二百多萬的難民。

政策的挑戰不只是掌控好外國人移居到歐洲去的這一件事情，還有一種政治的理念和提出一項能與它結合的政治規劃。如果不能夠持續地克服貧窮的原因，則難民潮在中、長期內也不會減少的，歐洲也不能夠從這項責任抽身。還有在歐洲內，有非常多的不同觀點，就連在法國和德國之間，對難民問題的看法也南轅北轍。

無論如何一定有可以被掌控的移居模式。或許以後將會有這種可能性，即難民們在他們的母國向歐盟提出申請由國外移入的許可。或者如果這樣行不通的話，他們才選擇「逃亡」。這雖然有可能和一種高級技術管理的藉口有關，但會讓更少一點的人必須取道越過地中海的謀殺旅程或是必須走艱辛的陸路行程。還有同樣的，也可以考慮在非洲設立難民營。

匈牙利在那時和歐盟取消了避難的合作事宜。匈牙利的政策非常明顯地定位在威懾和確定界線，於這期間在塞爾維亞（Serbien），同時也在克羅埃希亞（Kroatien）設

15.《南德日報》總部設於德國南部的慕尼黑（München），是一份德國人認為具有公信力的報紙。

立了一道界牆。但是區區一道籬笆將不可能阻擋難民潮，這個也可以在美國及墨西哥的邊界籬笆看出端倪。所以由此可看出匈牙利的難民政策，它（指匈牙利）和其他的歐盟國家是多麼地背道而馳，這強硬的態度是多麼地讓人不解，匈牙利對大多數的難民而言只是一個「通過站」而已，但大多數的「避難申請」卻在那裡多被駁回。

一個統一的歐洲幻景可能要看目前的難民問題而定。如果不能夠成功地做到一起解決一個政治問題的話，歐洲有可能會分裂。穿透過歐洲的這一道裂縫，肯定會激起民族的價值和觀點。

這將不會是歐洲的意向，讓難民營存在，意即讓在那裡的人有一部分一直到二十年之後還過著艱難困苦的生活。歐洲有一個共同的經濟和生活圈的願景，即反對邊界架設圍籬和到處充斥著難民營，也同樣反對警察和邊界保衛官員用武力鎮壓移居的人，然而因為中東及非洲的局勢持續動盪，難民擁入歐洲的人數和速度更甚去年，二〇一七年到二月底為止，抵達歐洲的難民已是去年上半年的三倍，然而歐洲反難民的情緒卻日趨高漲，到目前為止，一直無法取得共識的難民問題，對歐洲會是個危機？抑或是會有轉機出現？不得而知！

伍——分裂的歐洲：接納或拒絕難民？

「逃難」的記載，中外史書屢見不鮮，可歌可泣的「逃難」事件令人為之動容，中國史書裡的《五胡亂華》大家耳熟能詳，還有《聖經》裡的記載，約瑟被迫逃亡埃及，和摩西帶領族人出紅海的《出埃及記》比比皆是。當然最膾炙人口的是《新約》記載著耶穌尚未出生時，他的父母必須遠離家鄉逃難，以免被希律王追殺。

「戰亂」為逃亡及逃難最主要的因素，遠的不提，近代史的第一、二次世界大戰，難民逃難的艱辛過程令人悲戚不已。筆者的友人之母敘述，時為一九四五年的二戰快近尾聲時，德國已呈敗相，他們當時住在介於德國及波蘭的中間地帶。一天，蘇聯的紅軍來到他們的村莊，持槍吆喝，給十分鐘收拾行李家當，然後上大卡車，整村人被載往西邊。

當時還是天寒地凍的二月底天氣，筆者朋友那時年方四歲，雙腳被凍傷，無法行走，沿途均由父母輪流背著。他們一路辛苦地顛簸跋涉，好不容易抵達柏林，但柏林已猶如一座死城。一家人只好再往西邊逃難，一路上看到的多座村鎮及城市皆已成廢墟。是時德國的經濟已全被摧毀了，上百萬無家可歸的人擁向中部和西部的德國，伴隨著他們的是痛苦、飢餓和死亡。底下的一段是當年的新聞報導：「成千上萬的人由於飢餓和喪失體力，死於公路上。父母皆被槍殺的小孩流離失所，以致死亡。」[1]這段記載是那時每天在報紙上皆可閱讀到的令人震撼的消息，德國已形同一幅「死亡」的風景畫。

今日的德國從二戰後的廢墟再度重新出發，是憑著德意志人的特質，即講究原則、規章、制度、紀律、秩序及守法的天性加上勤勞及樸實，在戰後短短的八年，即一九五三年創造了震驚世界的「經濟奇蹟」，令全世界的人驚訝與讚嘆。戰後德國能夠快速地復興，也得力於外來的「客籍工人」（Gastarbeiter）[2]。二戰後迄今已七十二年，現今再來回顧一下德國的移民（移入）史。當德國於十九世紀成為一個國家後（指俾斯麥於一八七一年統一德國），從那時起就有許多人由國外移入，它就在二十世紀初成為一個「移入國」。第一次的大遷移是在二十世紀開始的，特別是二戰前來自波蘭（Polen）和烏克蘭（Ukraine）的人。很多人在魯爾區（Ruhrgebiet）的礦業和鋼鐵業工廠找到工作，時至今天，這一些由國外移入者早已和德國民眾融合在一起了。今天在德國仍然一直有許多家庭還冠上波蘭文來源的姓氏，由此可追溯到這一段二戰後德國重建的復興史。

在稍後還有無數的外國勞工，那是從一九五五年開始又大舉召募從南歐、東歐及來自北非和土耳其的工人，因此，出現了前面提到的一個新造的詞彙，即由客人（Gast）和工人（Arbeiter）兩字合組成「客籍工人」。有些客籍工人合約期滿，則返回家鄉，有些人則在德國申請繼續居留，現在許多這種家庭自從五十多年前或幾代以來就已經住在德國了。他們的小孩和孫子在德國完成教育或大學學業，並且在不同的領域工作。

進入二十一世紀的世界，在西亞地區重演當年一九四五年的一幕。由於「伊斯蘭

1. 見 Erich Zettl: Deutschland in Geschichte und Gegenwart. Ein Überblick. 1995 Max Hueber Verlag. Ismaning. S. 73.
2. 「客籍工人」這個德文字是在二戰後才出現的名詞，由於德國男士參與二戰，大多為國捐軀。戰後要重建，則從南歐、土耳其及巴爾幹半島引進工人參與建設。一九六四年九月十日一位來自葡萄牙的木匠阿曼多．羅德里古斯（Amando Rodrigues de Sá）抵達科隆（Köln）的火車站，成為第一百萬個客籍工人，被盛大地歡迎著。

國」（Islamic State）崛起，於二〇一四年六月十日占領摩蘇爾（Mosul）[3]，並在該地宣布建國，這個異軍突起、橫空出世的國家攻城略地，侵占了大片橫跨敘利亞和伊拉克邊境的土地，甚至在二〇一五年四月十八日攻擊遠在阿富汗的城市，將其勢力範圍擴展到至今所達最遠處。烽火連天的敘利亞和伊拉克造成大批難民出走。

逃亡的難民心目中理想的避難國是德國。就在二〇一六年六月二十一日早上，台灣的電視台晨間新聞播報的一則外國記者訪問滯留在希臘的難民營裡，一個約五歲的小男童的畫面，問他要前往何處，小男孩專注在他的玩具上，頭也不抬地清晰說出一個法文字母：Allemand（德國）。目前已在德國的難民約有二百五十萬多名，根據二〇一六年六月二十一日《中國時報》的報導：「難民總數六千五百三十萬，直逼全球人口百分之一。等於每一百一十三人就有一人是難民。」而目前德國收到最多庇護申請，共有四十四萬一千九百件，排名第二的美國也接獲十七萬件庇護申請，可見德國是現在難民避難的理想國。

ISIS雖然已宣布建國，但是它還在繼續擴充其勢力版圖，所以沒有停止恐怖攻擊行動。二〇一六年六月二十八日，土耳其伊斯坦堡阿塔圖克機場發生恐怖攻擊，有四十四人喪生，二百三十九人受傷。七月一日，攻擊孟加拉大使館餐廳，導致二十人喪生，劫持三十多個人質與警察駁火。在這波恐攻中，警察擊斃六名匪徒，救出十三名人質。接著七月三日的報導又有二十名人質喪生。緊接著在七月四日，ISIS又攻擊伊拉克的首都巴格達，造成一百二十六人喪生。這一來勢必又會再引發一波新的難民潮。

難民問題延燒到現在，似乎仍然無解。德國目前的執政黨傾向收容難民，民意也分成正、反兩派，報章雜誌或私人聚會，「難民」都成為報導及談話的主題。從二〇一四年六月ISIS正式建國以來，陸陸續續就有難民逃到德國來，到了二〇一五年底，難民已經破百萬。歐盟勸難民留在自己的家鄉裡，則歐盟願意給予三十億歐元的救濟輔助，但此舉似乎無效，難民仍源源不絕地擁向歐洲，尤其是把德國當成他們的避難天堂。有些較激進極端的德國人不願意接納難民，他們開始攻擊難民營。二〇一六年一月三十日德國各大報紙皆報導，在巴登─烏騰貝（Baden-Württemberg）邦的威靈根─斯原靈根（Villingen-Schwenningen）地方，有一顆手榴彈攻擊該地一個住有一百零四位難民的住宅區，這是第一起發生在德國的攻擊難民事件，攻擊背景因素不明。現在歐盟在爭議的問題是：摩洛哥（Marokko）、突尼西亞（Tunesien）和阿爾及利亞

---

3. 摩蘇爾是伊拉克第二大城，橫跨底格里斯河（Tigris）兩岸。

在難民問題上分裂的歐盟

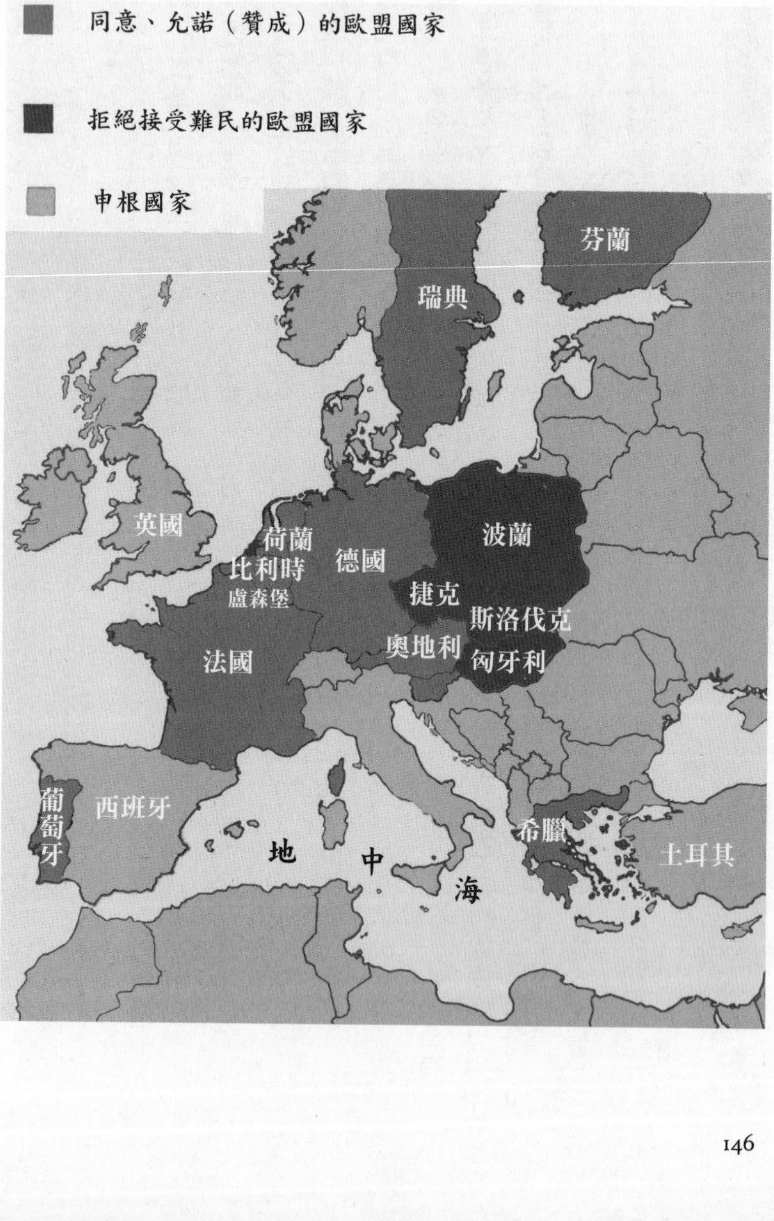

（Algerien）是否為安全國家？目前「難民問題」還是現在進行式，二十七個歐盟會員國意見分歧，[4]有意願收容或堅持拒絕難民，分成兩個陣營，每次開會便亂作一團，因此有此一傳說，有一天歐盟會解體。

4. 英國於二〇一六年六月二十三日公投結果揭曉，脫歐派獲勝，目前正根據「里斯本條約第五十條」與歐盟談判脫歐進程。

參考書目

德文書目

Trierischer Volksfreund (Zeitung für die Stadt Trier，特里爾市報紙，二〇一六年一月二十六日至二月十八日)

Meier-Braun, Karl-Heinz: Einwanderung und Asyl. Verlag. C. H. Beck, München 2015.

Holtkamp, Jürgen: Flüchtlinge und Asyl. Verlagsgemeinschaft topos plus, Kevelaer2016.

Ritzi, Nadine: Flüchtlinge. Themenblätter im Unterricht/Nr.109：Flüchtlinge.

Bundeszentrale für politische Bildung, Bonn, Oktober 2015.

Aus Politik und Zeitgeschichte (65. Jahrgang. 25/2015. 15. Juni 2015), Hrsg. v.d. Bundeszentrale für politische Bildung. Bonn.

中文書目

王友龍著：《你所不知道的IS》，臉譜出版社，台北，二〇一五。

朱張碧珠著：《泛敘利亞主義——歷史與政治之分析》，三民書局，台北，一九九三。

池上彰著，李瑷祺譯：《圖解伊斯蘭世界》，遠足文化事業股份有限公司，新北市，二〇一六。

林育立著：《歐洲的心臟——德國如何改變自己》，衛城出版社，新北市，二〇一七。

派崔克・柯伯恩（Patrik Cockburn）著，周詩婷、簡怡君、林佑柔、Sherry Chan 譯：《伊斯蘭國》，好優文化出版社，新北市，二〇一四。

洛蕾塔・拿波里奧尼（Loretta Napoleoni）著，洪玉珊譯：《這才是伊斯蘭國》，究竟出版社，台北，二〇一五。
卡里姆・埃爾—高哈利（Karim El-Gawhary）、瑪蒂爾德・施瓦本德（Mathilde Schwabeneder）著，彭意梅、張詠欣譯：《請帶我穿越這片海洋》，漫遊者文化事業股份公司，台北，二〇一七。
閆金紅著：《解讀難民政策——意識形態視國下美國對社會主義國家的研究》，人民日報出版社，北京，二〇一四。
弗列德曼・喬治（George Friedman）著，鍾莉方、高梓侑譯：《未來二十年歐洲變革大預測》，晨星出版有限公司，台中，二〇一六。

梅克爾大事年表

年代	大事紀	其他
一九五四	生於漢堡	
一九八八		密特朗在法國總統選舉中擊敗席哈克獲得連任，
一九八九	柏林圍牆推倒之後，投入到蓬勃發展的民主政治運動中。年底加入新黨「民主覺醒」。	
一九九〇	十二月，兩德統一。成為科爾內閣中婦女青年部部長。	

一九九三	六月至二〇〇〇年五月任梅克倫堡德國基督教民主聯盟（基民盟）主席。	
一九九四	出任環境和核能安全部長。	
一九九五		席哈克當選法國總統，上任後著手推行社會改革。
一九九七		歐巴馬從一九九七年至二〇〇四年擔任伊利諾州參議員。
一九九九		普丁被葉爾辛總統委任為俄羅斯總理。
		同年十二月三十一日晚，葉爾辛突然宣布辭職，普丁根據憲法規定出任代總統。
二〇〇〇	宣布參選基民盟領導人，成為基民盟第一位女性領導人。	原定於二〇〇〇年六月舉行的俄羅斯總統大選提前到三月二十六日，普丁獲勝並出任總統。

二〇〇二	公開贊成伊拉克戰爭，導致她領導的基民盟在聯邦選舉中落敗，	席哈克在法國總統選舉中擊敗馬里．勒龐成功連任。
二〇〇四		三月十四日普丁成功連任總統。
二〇〇五	五月三十日，贏得了CDU/CSU提名，在九月十八日聯邦選舉中與總理施洛德角逐下任總理。十一月二十二日，正式成為德國第一位女性聯邦總理。	
二〇〇七	會見西藏精神領袖達賴喇嘛表示支持西藏文化自治，是首次正式會見達賴。	薩科吉在法國總統選舉中，擊敗塞格琳．羅雅爾成為總統。十二月，俄羅斯總統梅德維傑夫提名普丁為總理。普丁被美國《時代》雜誌選為當年的年度風雲人物。
二〇〇八	第一個在以色列國會前發表演說的德國政府首腦。	歐巴馬擊敗共和黨候選人麥凱恩成功當選為美國第四四任總統，更成為美國有史以來第一位非洲裔總統。

二〇〇九	德國聯邦議院選舉，梅克爾領導的基民盟再次取得勝利，第二度連任總理。	
二〇一一		九月二十四日，俄羅斯總統梅德維傑夫提議由普丁參加二〇一二年三月舉行的總統選舉。
二〇一二		三月四日舉行的俄羅斯總統選舉，普丁當選俄羅斯第四任總統，這是第三度出任總統。歐蘭德擊敗薩科吉成為法國第五共和的第二位左派總統。十一月六日歐巴馬成功連任美國總統。
二〇一三	德國聯邦議院選舉，基民盟再次與社民黨近四年的「左右共治」，組建大聯合政府，第三度連任總理。六月，史諾登事件導致稜鏡計畫曝光，梅克爾強烈譴責間諜行動，要求美國國家安全局立即停止監聽行為。	

二〇一五	九月初宣布接收難民無上限政策。 十二月，梅克爾當選《時代周刊》二〇一五年度風雲人物，《時代周刊》總編讚揚她在歐洲主權債務、中東難民及俄羅斯干預烏克蘭等危機期間所展現的非凡領導能力。	
二〇一六	十一月二〇日梅克爾宣布將謀求第四度連任總理一職。	川普在十一月八日贏得了總統大選，出任第四十五任總統一職。
二〇一七	六月，國會終於通過德國同性婚姻法制化。 九月二十四日舉行大選，第四度出任總理一職，雖然贏了大選，但是梅克爾領導的聯盟卻是輸家，獲得約百分之三十三的選票，遠不如四年前的百分之四十一，也比預期的百分之三十四~三十六還低，壓倒性勝利已不復見。	馬克宏在法國總統選舉中勝出，成為首位非來自傳統政黨的總統，也是法國歷史上最年輕的總統。

致謝詞

本書如果沒有多位好朋友們的幫助是不可能順利付梓的。和他們之間許多有趣的談話，使我獲得非常多的建議、不同的看法和論點。本人在此特別感謝哈梅歇女士（Frau H-Y. Hamecher）、辜爾卡女士（Frau H. Kurka）、史萊梅女士（Frau H. Schleimer）、翁烏卡一家人（Fam. Onwuka）、包歇克博士（Dr. R. Bauschke）、哈梅歇先生（W. Hamecher）和辜爾卡先生（H. Kurka）。

Dieses Buch wäre nicht entstanden ohne die Mithilfe von vielen lieben Freunden. In zahlreichen interessanten Gesprächen habe ich eine Menge Anregungen, unterschiedliche Meinungen und Argumente erhalten. Mein Dank gilt besonders: Frau Hwei-Ying Hamecher, Frau Hannelore Kurka, Frau Hildegard Schleimer, Fam. Onwuka, Herrn Dr. Rafael Bauschke, Herrn Wolfgang Hamecher, Herrn Herbert Kurka.

歷史，

世界史

鋼鐵德國
難民潮下的危機與轉機

作者 賴麗琇
發行人 王春申
編輯指導 林明昌
副總經理兼任副總編輯 高 珊
責任編輯 徐 平
封面設計 吳郁婷
校對 鄭秋燕
印務 陳基榮
出版發行 臺灣商務印書館股份有限公司
地址 23150 新北市新店區復興路43號8樓
電話 (02) 8667-3712 傳真：(02) 8667-3709
讀者服務專線 0800056196
郵撥 0000165-1
E-mail ecptw@cptw.com.tw
網路書店網址 www.cptw.com.tw
網路書店臉書 facebook.com.tw/ecptwdoing
臉書 facebook.com.tw/ecptw
部落格 blog.yam.com/ecptw

局版北市業字第 993 號
初版一刷：2017 年 11 月
定價：新台幣 280 元

ISBN 978-957-05-3110-7

鋼鐵德國：難民潮下的危機與轉機 ／ 賴麗琇 著.
--初版. --新北市：臺灣商務，2017.11
面 ； 公分. --（歷史 世界史）

ISBN 978-957-05-3110-7（平裝）

1.外交政策 2.國際難民 3.德國

578.43 106018086